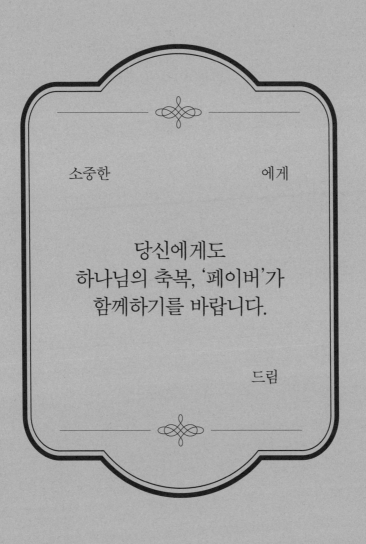

소중한 _____ 에게

당신에게도
하나님의 축복, '페이버'가
함께하기를 바랍니다.

_____ 드림

하나님의 특별한 선물

페이버

하나님의 특별한 선물

페이버

하형록 지음

참희생은 승리의 지름길이다!

청림출판

추천사

심장 이상으로 20대에 죽음을 경험하고 얼굴도 모르는 남의 심장으로 24년을 살아온 팀하스 목사님의 삶은, 하나님이 선택하신 두루마리와 같다. 하나님은 당신이 사랑하는 아들의 희생을 먹물 삼아 '페이버'라는 단 하나의 단어를 쓰셨다. 하나님의 뜻대로 살아가는 이들에게 주시는 특별한 축복, '페이버'를 세상에 전하기 위해 하나님은 목사님을 이 땅에 보내신 게 아닐까 생각해본다. 먼저 양보하고 조금은 더 희생하며 이웃과 더불어 선하게 살기 원하는 당신에게 하형록 회장님의 놀라운 삶의 고백,

※ 추천사를 써주신 분들의 성함을 기준으로 가나다순으로 실었습니다.

《페이버》는 흔들리지 않는 확신과 용기를 줄 것이다.

곽수광_푸른나무교회 담임목사, 사단법인 푸른나무 대표

심장 이식을 위해 2년 동안이나 사경을 헤매며 간절히 기다렸는데, 드디어 자신에게 맞는 심장이 나타났다. 그러나 교통사고로 옆방에 막 입원한 환자가 이틀 안에 심장 이식을 받지 않으면 죽는다는 말을 듣고, 그에게 자신이 이식받아야 할 심장을 양보한 신앙의 사람, 하형록 회장. 이후 지난 24년 동안 하나님은 하형록 회장에게 말로 다 표현할 수 없는 '페이버'를 베풀어주셨다. 하나님은 어떤 사람에게 '페이버'를 주실까?《P31》로 센세이션을 일으킨 하형록 회장은 다시 한 번 이 간증 에세이로 어떻게 살아야 하나님의 '페이버'가 임하는지 그 대답을 알려준다.

김상복_할렐루야교회 원로목사

이곳에서 나는 가족이 되었고, 매일 '주님 보시기에 좋은' 삶에 대해 배운다. 팀하스 회장님은 나를 가족으로 받아주셨고, 매일 '주님 보시기에 좋은' 삶으로 인도해주신다.

김아라_팀하스 신입사원, 회계 담당

나 역시 '페이버'가 아니고선 불가능한 삶을 살면서도 '페이버'의 정체를 이제야 알게 되었다. 아주 가끔, 정말 아주 가끔, 내가 예수님을 생각하며 이웃을 위해 뭔가를 희생했을 때, 내가 받았던 분에 넘치는 사랑과 격려와 명예가 바로 주님의 '페이버'였다는 것을!

그러고 보니 '페이버'로 가득한 하형록 회장님의 삶은, 하늘과 땅의 아름다운 사랑의 합주다. 성공과 명예만을 향해 달려가던 한 청년이 불협화음 같은 '자기애'의 삶을 버리고 '이웃 사랑'의 아름다운 선율을 연주하기 시작했다. 그러자 하나님은 '페이버'의 화음으로 화답하셨다. '페이버'의 화음을 만날 때 우리 인생의 음악이 완성된다.

김치국_피아니스트, 작곡가, 미국 버클리음대 교수

이 책은 글이면서도 길이다. 삶이 고달프고 미래가 보이지 않는 이들에게 이 글은 길을 보여주고 있다. 이 글이 길이 될 수 있었던 이유는 역사의 주관자이신 하나님 눈에 하형록 회장의 상상을 초월한 이웃을 위한 희생이 감동을 주었기 때문이다. 종교개혁자 칼뱅은 이 세상은 하나님의 무대이고, 감독은 하나님이

라고 했다. 아무리 인생이 힘들어도 그 감독의 눈에 감동이 되는 사람은 하나님께서 세상의 무대에 올리시고 존귀하게 쓰신다.

박성규_부전교회 담임목사

죽을 수밖에 없었던 한 사람이 있었다. 하나님께서는 그의 생명을 더 연장시켜주시고 하나님의 특별한 은혜를 아낌없이 베풀어주셨다. 그는 바로 하형록 회장. 그를 통해 알게 된 '페이버'는 하나님의 역사이자 기적이다.

박세라_한국CBMC중앙회 부회장

최근 배타적 이기주의의 만연 속에 가슴 아프고 비인간적인 여러 사건들을 목도하면서 우리 사회에 이타심과 도덕적 판단 의지가 결여되고 인간의 '선의지善意志, guter Wille'가 심각히 침훼당하고 있음을 느낀다. 지금 우리에게 가장 필요한 것은 물질적 성과지상주의나 현란한 임기응변보다는 순수한 초심과 선의지 확립일 것이다. 이러한 때 출간된 하형록 회장님의 자전적 이야기를 담은 책《페이버》는 아직까지도 우리 사회에 선의지의 불씨는 꺼지지 않았고 여전히 희망이 있음을 깨닫게 해준다.

이 책 《페이버》에 담긴 여러 이야기들에는 순수한 선의지의 결정들이 담겨 있다. 생의 가장 중요한 순간에 자신의 모든 것을 버리는 선택은 무모했지만 아름다웠다. 모든 것을 잃어버리는 듯했지만 가장 중요한 가치를 지킴으로써 전부를 얻을 수 있었다. 하나님의 은총인 '페이버'로서 응답을 받을 수 있었던 것이다. 그것은 고귀한 선의지를 지켜냈기에 가능했다. 선의지가 의지작용 전체를 관통하고 생활의 근본을 구성하도록 하여 사회가 '선한 사람들의 공동체'로 나아갈 수 있도록 하는 것은 우리들에게 부여된 도덕적 사명이다.

《페이버》는 이러한 사명을 실천하기 위한 저자의 끊임없는 노력 속에 잉태된 선한 씨앗이며, 그 씨앗은 여러 사람들의 가슴에 심어져 성스러운 열매로 다시 결실을 맺을 것임을 믿어 의심치 않는다. 평소 정체된 '명사'가 아닌 움직이는 '동사'로 꿈꾸고 살아갈 것을 설파하시던 하형록 회장님의 이번 책은 마음 깊숙한 곳에서 뜨겁게 살아 요동치는 '동사'로 써내려간 또 한편의 아름다운 이야기이다. 참된 희생이 진정한 성공임을 알려주는 이야기들이 많은 분들과 함께할 수 있기를 진심으로 기원한다.

성낙인_서울대학교 총장

저자 하형록 회장님이 서 있는 삶의 자리를 보며 내가 서 있는 삶의 자리를 돌아본다. 자신의 목숨과도 같은 심장을 죽어가는 여인에게 내어준 그 자리. 오늘도 저자는 그 자리에 서 있다. 나에게 남은 생명이 필요한 이웃이 울고 있는 그 자리에……. 그리고 그곳에서 놀라운 하나님의 축복, '페이버'를 만났다. 감동과 기쁨이 넘치는 삶과 죽음의 고백인《페이버》를 통해 내가 사랑할 이웃이 있는 자리, 페이버의 축복을 만날 그 자리로 우리 모두, 돌아갈 수 있었으면 좋겠다.

송정미_찬양사역자

하 목사님은 미국에 살면서도 가장 한국적인 '정情'에 대해 정확히 이해하고 실천하는 정겨운 분이다. 나의 변함없는 기도 제목은 '우리 사회가 사랑과 정이 흐르는 아름다운 공동체'가 되게 해주십사 하는 것이다. 이러한 '정'과 '페이버'의 정신은 "우리는 이웃을 돕기 위해 존재한다"는 팀하스 사훈과도 일치한다. 성경대로 멋지게 비즈니스할 수 있음은 마치 성경대로 멋지게 정치할 수 있음과 똑같이 어렵고 힘들고 거의 불가능한 일이지만, 하 목사님은 이를 실천하고 있는 위대한 목회자이며 기업인이다.

다음 기회에 하 목사님과 만나면 '정'이란 노래를 같이 부르고 싶다.

오거돈_전 해양수산부 장관

작년 봄 하형록 회장님을 처음 만났을 때, 늘 궁금해 하던 것을 여쭈어보았다. "어떻게 3초 만에 하나님의 뜻인지 아닌지를 알 수 있지요?" 혹시 하 회장님이 교만하신 분은 아닐까 하는 의문이 있었다. 하 회장님은 빙긋 웃으시면서 대답해주셨다. "아주 간단합니다. 제가 희생하는 것이 하나님의 뜻입니다." 그 한마디는 나의 믿음 생활을 크게 바꾸어놓았다. 예수님을 따라 사는 방법은 아주 간단했다. 우리 모두 하 회장님이 받은 '페이버'의 축복을 이미 받았고 지금도 받고 있다. 이제 우리도 하 회장님의 기쁨과 평안을 누릴 수 있다. 이 책 《페이버》는 나를 드리고 기쁨과 평안을 받는 놀라운 증언이다.

오승환_네이버 파운더, 더작은재단 대표

사실fact 속에는 결코 이야기가 줄 수 없는 힘이 있다. 더구나 그 사실이 인간의 합리성이나 이성을 깨뜨리는 절대적인 진리를 품고 있다면, 그 영향력은 훨씬 클 것이다. 이 책 《페이버》는 이야기보다 더 큰 사실과 차가운 현실을 녹이는 불타는 진리를 보여주고 있다. 저자는 자신의 삶을 통해 '하나님은 사랑이시다' 는 진리를 페이지마다 생생하게 증거하고 있다. 이 책을 읽고 나면 독자의 이성은 세속적인 산술적 생각의 한계를 깨는 특별한 경험을 할 것이고, 차가운 가슴을 불에 덴 듯 심신에 깊은 흔적을 남기는 열정으로 가슴이 뛸 것이다.

오정현_사랑의교회 담임목사

이 추천사를 쓰는 동안 나는 매우 바쁜 일정을 소화하고 있었다. 그런데 보내주신 원고에 목사님의 심장 이식 이야기가 담겨 있음을 보고 원고를 내려놓을 수가 없었다. 목사님 자신의 이야기이기에 깊은 감동과 설득력이 있었다.

이 책에는 하 목사님이 뜻밖의 사람들로부터 여러 번 대가 없는 도움을 받았던 일들이 나온다. 언젠가 하 목사님의 오랜 친구였던 토마스 목사가 "자네에게 왜 이런 행운이 계속되는지 알아?"라고 물었다. 하 목사님도 그 이유가 정말 궁금하였기에 "내가 정말 알고 싶은 게 바로 그거야. 자네는 그 이유가 뭐라고 생각해?"라고 되물었더니 토마스 목사는 "결정적인 순간에 이웃을 사랑하라는 하나님의 말씀에 순종했기 때문이야."라고 대답했다.

이 책을 읽으면서 깊이 깨우침을 받은 부분은 하 목사님이 어떤 선택을 해야 할 상황이 오면 더 이상 고민하지 않는다고 말한 구절이다. "저는 언제나 희생이 따르는 쪽으로 결정합니다. 그러면 정확했습니다." 그것이 하나님 보시기에 좋은 것이었으리라 생각한다.

하 목사님 말씀대로 우리 모두 복을 받기 원하지만, 어떻게 해야 복을 받는지는 잘 모르고 있다. 주님의 마음을 품고 하나님을 사랑하고 이웃을 사랑하면 되는데 말이다.

'이웃 사랑'이라는 페이버의 씨앗을 마음에 심고, '이웃 사랑'의 방법을 싹 틔우고, '이웃 사랑'의 나무를 키우기 위해 땀 흘리다 보면 놀라운 '페이버'의 열매가 우리 모두의 삶에 풍성하게 채워질 것이다. 진정 복된 삶을 살기 원하는 모든 이들에게 이 책을 추천한다.

유기성_선한목자교회 담임목사

예수님께서는 율법사가 "율법 중에서 어느 계명이 크니이까?"(마 22:35~36)라고 던진 질문에 "네 마음을 다하고 목숨을 다하고 뜻을 다하여 주 너의 하나님을 사랑하라"(마 22:37), "네 이웃을 네 자신같이 사랑하라"(마 22:39)고 말씀하셨다.

하나님 사랑의 본을 보이신 예수님께서는 이웃 사랑을 말씀으로만 하지 않으시고, 직접 이를 실천하셨다. 이 세상에 오셔서 가난한 자를 먹이시고, 병든 자를 고치시며, 사회적으로 고립에 처한 사람들을 회복시켜주셨다. 그리고 그 무엇보다도 십자가에서 자신의 생명을 내어주심으로써 절대 절망에 빠져 있던 모든 인류를 절대 희망의 자리로 구원해주셨다.

《페이버》의 저자 하형록 회장은 미국 최대의 주차 빌딩 건설 회사를 경영하면서 예수님께서 가르치신 이웃 사랑을 그 누구보다 신실하게 실천하고 있는 하나님의 사람, 믿음의 사람이다. 자신이 처한 위기보다 이웃의 위기를 먼저 생각하며, 심지어 생명의 위협을 받을 때에도 이웃에게 자신의 생명을 나눠준 진정한 사랑의 실천가이다.

하형록 회장의 신간 《페이버》는 독자들로 하여금 오늘 이 시대의 진정한 이웃 사랑에 대해 되돌아보게 한다. 또한 하형록 회장의 생생한 간증을 통해 하나님께서 예수님의 사랑을 실천하는 사람을 어떻게 들어 쓰시는지, 그리고 얼마나 넘치는 은혜로 그 사람을 축복해주시는지 경험하게 한다.

오늘날 개인주의 사회에서 많은 사람들이 이웃의 고통을 외면하고 있다. 자신이 가진 것을 나누기보다 더욱 부를 쌓아 풍요로운 생활을 누리기 원한다. 이러한 풍토 가운데《페이버》가 메마른 우리 사회에 경종을 울리는 귀한 사명을 감당하게 될 줄로 믿는다. 많은 독자들이 이 책을 통해 이웃 사랑을 실천하게 되기를 바란다. 또한 이웃 사랑을 실천하여 하나님의 일하심을 경험하고, 하나님의 놀라운 축복을 누리게 되기를 바란다. 그리하여 우리 사회 곳곳에 예수 그리스도의 사랑이 넘쳐나며, 모든 사람이 하나님의 은혜를 찬양하는 역사가 속히 일어나게 되기를 간절히 소망한다.

이영훈_여의도순복음교회 담임목사

작은 봉사라도 해본 사람은 안다. 나와 상관없는 누군가를 돕는 일이 얼마나 어려운지. 어떤 이들은 세상에서 가장 어려운 일이라고 말하기도 한다. 그래서일까. 예수님은 하늘나라에서 이곳

땅끝까지 오셔서 몸소 이웃 사랑을 완성하시고, 교회의 머리가 되시는 영광을 받으셨다. 그렇게, 누군가를 돕는 일이 '어려운 일'이 아니라 하나님의 놀라운 '축복'을 받는 길임을 가르쳐주셨다.

우리가 이웃 사랑을 결단할 때, 하나님도 우리를 향해 사랑의 결단을 하신다. 이웃을 위한 우리의 희생을 '페이버'의 복으로 위로하시고 격려하시는 결단이다. 저자의 놀라운 삶의 고백을 통해 '페이버'의 복으로 우리에게 다가오시는 하나님을 다시 한번 만나기를, 그래서 더욱 힘차게 우리에게 당부하신 그 삶을 살아낼 수 있기를 소망한다.

이장호_높은뜻광성교회 담임목사, 열매나눔재단 대표이사

예술가는 남들이 갖고 있지 않은 특별한 심미안으로 세상에 감춰져 있는 아름다움을 찾아내고, 그 미의 광맥을 파 들어가는 광부와 같다. 그래서 사람들의 발길에 차이는 길가의 사금파리 조각 하나에서 존재의 신비로움을 발견하고, 들녘에 핀 풀꽃 한 포기에서 생명의 오묘함을 읽어낸다.

마찬가지로 철학자나 문학가도 남들이 지니고 있지 않은 비범한 인식력으로 혼잡한 언어의 나라에서 반듯하고 적절한 낱

말들을 찾아내는 탐험가와 흡사하다. 그래서 '실존'이나 '소외'를 운위하면서 사람들의 마음을 사로잡기도 하고, '해체'나 '통섭'이라는 화두를 끄집어내어 사람들의 머리를 아프게도 한다.

저자는 그 교훈의 깊이에서 철학자의 사상 못지않은 삶의 지혜를 보이고 있고, 그 문장의 구사에서 문학가의 수사 못지않은 글쓰기의 탁월함을 드러내고 있다. 무엇보다 낱말의 선택에 있어서 마치 언어의 바다에서 월척을 낚는 것과 같이, 가히 이 두 부류의 사람들을 부끄럽게 한다.

앞서 세간의 주목을 받았던 《P31》에 이어 이번에 낚아 올린 새로운 화두는 '페이버'이다. 글머리에서 저자는 한국어의 '정情'에 해당하는 영어 낱말이 없듯이 '페이버'에 해당하는 적절한 한글 낱말도 없다고 지적하고 있지만, 이것은 어쩌면 우리말의 '배려'에 해당될 것이다. 사전적 의미에서 '도와주거나 보살펴주려고 마음을 씀'이니, 분명 '은혜'와 '사랑'보다는 더 구체적이고, '호의'보다는 더 적극적이다.

이 낱말에 저자가 주목한 이유는 그의 삶 전부가 이 낱말 외에는 설명될 수 없기 때문인지 모른다. 저자의 삶은 철저히 이웃들에게서 온 수평적 페이버와 하나님께로부터 온 수직적 페이버로 이뤄져 있다. 이런 점에서 마치 자서전처럼 자신의 삶을 진솔하게 기록한 본서는 하나님의 은혜라는 씨줄과 이웃들의 사랑이라는 날줄로 짜여진 textus 감동적인 스토리의 피륙이라고 할 수 있다. 따라서 이 책은 소박한 가르침이지만 마치 한편의 신학서 같은 무게 있는 영적 통찰이 담겨 있다.

글을 읽다 보면 적어도 두 가지의 깨달음에 도달하게 될 것이다. 첫째는 우리 인생은 결코 홀로 살 수 없다는 것이고, 둘째는 우리 삶의 전부가 하나님의 은혜 없이는 설명될 수 없다는 점이다. 이런 점에서 이 책은 극도의 자아중심주의와 철저한 자기능력 신뢰주의에 빠진 이 시대인들의 잠든 영혼을 화들짝 깨우는 새벽 종소리와 같으며, 우리의 영적 갈증을 단숨에 해갈시켜주는 '샘이 깊은 물'과 같다.

이 책을 애독하는 모든 독자들이 각자가 받은 갖가지의 페이버에 감사하면서 이제 도움이 필요한 이들에게 페이버를 베푸는 복된 인생길을 걸어가기를 꿈꾸어본다. 그러면 저자가 바라고, 우리 모두가 꿈꾸던 바, 이 세상 곳곳마다 은혜의 높은 파도가 출렁거리리라.

전광식_고신대학교 총장

하형록 목사님은 이 시대의 빛이다. 목사님의 빛으로 세상의 옳고 그름(죽음과 생명)을 볼 수 있고, 가정, 사업, 교회, 도덕, 정의가 무엇인지를 볼 수 있고, 목사님이 속에 품은 사랑과 열정 덕분에 얼어붙어 있는 이 세상이 따뜻해진다. 정 도가니의 삶이기에 하나님의 축복을 소나기처럼 받고 계신다. 이 책이 이웃을 사랑하는 데에는 먼저 자기 희생이 있어야 빛을 밝힐 수 있고, 하나님 보시기에 좋은 삶임을 깨닫게 해주는 귀한 길잡이가 될 줄로 믿는다.

하선규_부산시의회 의원, 부산시민연대 공동대표

팀하스는 아주 지적인 사람이지만, 그의 결정은 머리가 아닌 가슴에서 나온다. 업계의 주류가 되기보다는 다르기를 원했고 그저 결과를 얻기보다는 간절히 원하는 무엇인가를 이루기를 원했다. 우리 위에 있는 보스가 아니라 우리 중의 한 사람으로 머물면서 옳음을 아는 데서 멈추지 말고 옳은 일을 하자고, 나와 모든 회사 직원들을 독려하고 앞장서서 나갔다. 그는 처음 회사를 시작한 그날부터 오늘 이 순간까지 그저 나의 친구, 나의 이웃이자 나의 멘토다. 그의 드라마틱한 삶의 고백《페이버》를 통해 나에게 그랬던 것처럼, 그는 당신에게 신선한 충격과 용기와 희망을 전해줄 것이다.

놀리 알라르콘_팀하스 부사장

팀하스는 내가 아는 사람 중에 가장 이타적이고 봉사하는 삶을 사는 사람이다. 내가 그를 처음 만났을 때부터 그는 자신보다 남을 먼저 생각하는 사람이었다. 팀과 이 회사의 명성은 그런 삶의 태도를 통해 쌓여온 것이다. 그의 이타적인 리더십으로 나를 비롯한 회사의 모든 사람이 성장했고, 최고의 회사를 일궈내는 기쁨을 나누며 일하고 있다. 아무리 위급한 상황이 와도 그는 언제나 일보다 사람을 더 먼저 보호하고 지키려고 노력하는 리더십을 발휘한다. 우리는 그에게 똑같이 고객과 이웃을 먼저 배려하는 선택을 배우고, 그 뒤에 오는 기적 같은 축복을 함께 경험하고 있다. 그의 책《페이버》보다 그의 실제 삶은 더욱 드라마틱하고 진실하다.

토드 헬머_팀하스 부사장

팀하스는 내가 25년 넘게 심장전문의로서 열정적으로 일할 수 있게 하는 강력한 영감을 주었다. 그는 그를 만난 많은 사람에게 강력한 영감을 얻게 해주는 존재다. 그는 죽음에서 기사회생했을 뿐 아니라 다른 사람들도 더욱 열정적으로 살아가게 한다. 누구도 직면하길 원치 않는 불행과 죽음의 문턱에 있던 그는 '이웃을 위한 자기 희생'이라는 역설적인 선택으로 모든 사람이 살고 싶어 하는 행복한 삶을 쟁취했다. 그리고 건강한 사람보다 더 열정적으로 이웃을 위해 헌신적으로 살아가고 있다. 내 삶의 영감인 팀하스가 이제《페이버》를 통해 당신의 삶에도 강력한 영감으로 다가갈 차례다.

하워드 아이젠_미국 전 템플주립대학병원 심장전문의

"팀, 기쁜 소식이에요! 드디어 당신에게 꼭 맞는 심장이 나타났어요!"

그날 아침, 나를 담당하고 있던 심장전문의 중 한 사람인 맨시니 박사가 병실로 들어와 상기된 표정으로 말했다. 순간 나는 내 귀를 의심했다. 너무나 오래도록 간절히 듣기 원했던 말, 하지만 막상 그 말이 내 귀에 들려오자 마치 꿈인 듯 정신이 아득해졌다. 나는 천천히 맨시니 박사를 쳐다보았다.

"오늘 저녁에 수술할 거니까, 어서 가족들에게 알리세요."

나와 함께, 나만큼이나 간절하게 이 순간을 기다려온 그의 환한 미소와 희열에 찬 눈빛을 보고서야 나는 안도의 한숨을 내쉬었다.

'아, 이제, 살았다!'

심장이 나타났다는 말이 사실이라는 것을 확인한 그 순간, 나도 모르게 눈물이 왈칵 솟구치더니 뜨겁게 두 뺨을 적셨다. 그리고 내 입에서는 어느새 기쁨에 겨운 고백이 터져 나왔다.

"하나님, 감사합니다. 감사합니다……."

어느덧 24년 전 일이 되었지만, 지금도 그날의 모든 순간을 또렷하게 기억하고 있다. 나는 그때 심장 이식을 받기 위해 병원에 입원해서 5개월째 내게 맞는 심장을 기다리고 있던 중이었다. 불안과 두려움에 떨며 보냈던 그때의 하루하루를 어떻게 표현할 수 있을까. 시간이라는 잔인한 놈은 숨 쉬는 매 순간, 내게 얼마 남지 않은 생명의 진액을 핥으며 지나쳐갔다. 내게 허락된 생명의 불빛은 항상 위태롭게 흔들렸고 '언제 멈출지 모르는 예측 불가능한' 심장을 가진 나는 살아있으나 죽은 것이나 다름없는 상태였다.

무엇보다 잔인했던 현실은, 기다린다고 해서 내게 맞는 심장이 나타난다는 보장이 없다는 것이었다. 실제로 심장병동의 환자 절반 이상이 이식받을 심장을 기다리다 목숨을 잃는다. 운 좋게 이식 수술을 받는다고 해도 그중 절반은 감염이나 합병증으로 사망한다. 그 모든 위험을 무릅쓰고 수술이 성공적으로 잘 끝난다고 해도 평균 10년 정도를 더 살 수 있었다.

그렇게 피를 말리는 듯한 상황이 몇 개월씩 계속되는 동안 환자는 물론, 그 옆을 지키고 있던 가족들도 심각한 정신적 트라우마를 경험한다.

당시 나는 한창 때인 34세의 청년이었다. 두 딸은 겨우 두 살, 세 살이었고, 아내는 나 한 사람을 바라보고 한국을 떠나 미국으로 온 지 얼마 되지 않은 때였다. 당시 아내는 얼마나 지쳤던지 기도조차 할 수 없는 상태였다. 내가 심장병동에 입원해서 기약 없는 기다림을 계속해오던 그 5개월이란 시간은, 언제 끝날지 모를 기나긴 고통의 터널이었다.

날마다 심장이 나타나기만을 기다리는 그 간절함은 타는 듯한 목마름이 되어 나를 서서히 말려가고 있었다. 나는 시간이 갈수록 호흡곤란으로 더 심각한 혼수상태에 빠졌고, 의식이 있는 때보다 없는 때가 더 많았다. 의식이 있을 때도 아내와 아이들을 몰라보곤 했다. 그때마다 아내는 이대로 남편이 영원히 자신과 아이들 곁을 떠날지도 모른다는 불안감에 떨어야 했다. 우리에게 소망은 너무도 멀고 희미했다. 바로 그런 절박한 순간에 심장이 나타났다는 소식이 우리에게 전해졌다.

드디어 나에게 맞는 심장이 나타났다!

나의 앞에 길게 그림자를 늘어뜨리고 있던 죽음이 물러가고 조금씩 희망의 불빛이 다가오기 시작했다. 이제 뭘 어떻게 어디서부터 다시 시작해야 되는지, 머릿속이 아득해져서 허둥거렸다. 맨시니 박사는 말없이 웃으며 그런 나를 바라보고 있다가 입을 열었다.

"팀. 정말 잘 됐어요. 이렇게 꼭 맞는 심장이 나타나서 얼마나 다행인지 모르겠어요. 사실 심장병동에선 안타깝게 목숨을 잃는 사람들이 많으니까요. 사흘 전에도 젊은 여성이 헬리콥터에 실려 왔는데 그 환자도 맞는 심장을 찾지 못해서 참 안타까운 상황이에요."

새 환자가 들어올 때마다 간호사들이 이야기를 해주어 나 역시 그 일을 알고 있었다.

"네, 옆방에 입원해 있다고 들었습니다."
"그녀는 이틀 내로 심장 이식 수술을 받지 못하면 죽어요."
"저런, 이틀 내에 꼭 심장을 찾아야 할 텐데요."

말은 그렇게 했지만, 이틀 만에 그녀에게 맞는 심장이 나타날 가능성은 희박하다는 걸 알고 있었다. 나 역시 꼬박 5개월을 기다리지 않았던가. 아마도 내가 심장 이식 수술을 하고 깨어나 새로운 삶에 대한 감사와 희열로 들떠 있을 무렵이면, 바로 옆방에 있던 그녀가 세상을 떠났다는 말을 전해 듣게 될 것이다. 불과 벽 하나를 사이에 두고 삶과 죽음이 이렇게도 선명하게 엇갈리는 곳이 바로 심장병동이었고, 심장병 환자들이 처한 냉혹한 현실이었다. 얼굴 한 번 보지 못한 사람이었지만, 마치 내가 당한 일처럼 안타까웠다.

맨시니 박사에게는 더더욱 그랬을 것이다. 아마도 그래서 그런 말을 했을 것이다. 생사를 오가는 다급한 환자를 위하는 마음에, 내게 굳이 하지 않아도 좋았을 말을 했을 것이다. 아니 나에게 했다기보다는, 그녀를 걱정하는 마음 때문에 무심코 중얼거리듯 한 말이었다. 그런데 그 말이 내 귀에 또렷하게 들려왔다.

"그녀에게 필요한 심장과 당신이 이식받게 될 심장이 똑같습니다. 같은 O형에, 같은 압력, 같은 사이즈예요."

순간, 나는 무엇엔가 머리를 얻어맞은 것 같은 충격을 받았다. 2년 가까이 차마 이루 말로 다 할 수 없는 고통 끝에 겨우 만난 심장, 불과 몇 분 전에야 이 고통에서 나를 해방시켜줄 심장을 만났는데, 하필이면 바로 옆방에서 죽어가고 있는 사람에게 나와 똑같은 심장이 필요하다니!

더구나 그녀는 그 심장이 없으면 당장 죽을 수밖에 없는 다급한 처지였다. 대체 이게 무슨 얄궂은 일이란 말인가. 내가 너무 놀라자, 오히려 맨시니 박사가 더 당황했다.

"제가 괜한 말을 했군요. 신경 쓸 거 없어요. 팀, 이 심장은 당신의 심장이에요. 그리고 오늘 저녁에 이식 수술을 할 겁니다."

맨시니 박사는 나의 눈을 보며 힘주어 말했다. 하지만 나에게는 이미 박사의 말이 들리지 않았다. 그 사이 맨시니 박사는 문을 향해 걸어가고 있었다.

1초, 2초, 3초……

그 짧은 순간에 지난 5개월, 아니 심장 이상과 함께 시작된 지난 2년간의 시간들이 주마등처럼 스쳐 지나갔다.

차례

두 번째 심장

이웃을 사랑하는 법

페이버의 기적은 계속된다

첫 번째 심장

세상에서
가장 고통스러운 싸움

내 심장이 심각한 상태라는 사실을 안 것은 1991년, 서른두 살 때였다. 당시에 나는 '아메리칸 드림'을 이룬 청년으로 필라델피아 한인 사회의 자랑이었다. 명문 펜실베이니아 대학University of Pennsylvania 건축학과를 졸업한 뒤, 29세의 나이에 유명 건축설계회사의 중역이 되었다. 아버지는 한인 사회에서 신망을 받던 목사였고, 어머니는 자녀와 교회를 위해 헌신하는 사모로서 존경을 받았다. 나의 아내는 아름답고 명석한 여인이었으며, 눈에 넣어도 아프지 않을 두 딸도 있었다. 나는 모든 사람의 부러움을 받는 행복한 사나이였다.

건강도 남에게 뒤지지 않았다. 아무리 피곤해도 잠시 눈을 붙이고 일어나면 언제 그랬냐는 듯 체력을 회복하곤 했다. 내 앞에 펼쳐진 성공과 명예의 고속도로를 달리는 나를 방해하는 것은 아무것도 없었다. 그랬기에 뉴욕으로 가는 고속도로 위에서 의식을 잃었을 때만 해도 뭐 그럴 수도 있지, 병원에 가면 되지 하고 대수롭지 않게 생각했었다.

그러나 그날 이후 내 삶은 내가 전혀 통제할 수 없는 낯선 곳으로 흘러가기 시작했다. 아내와 함께 급히 병원에 간 나는, 그 자리에서 제세동기defibrillator와 인공심장박동기pacemaker를 심장에 연결해야만 했다. 그리고 며칠 후에는 그 기계 장치들을 몸 안으로 넣는 수술까지 받았다. 내가 믿건 믿지 않건 내 심장은 그 기계 장치들이 없으면 정상적으로 작동할 수 없는 상태였다. 그제서야 조금씩 내 몸의 심각성을 감지하기 시작했다.

그때 처음 만난 심장전문의 하워드 아이젠 박사는 나의 병명이 '심실빈맥증'이라고 말해주었다. 심실빈맥증이란 심장의 박동 속도가 규칙적이지 못해서 어느 순간 심장이 비정상적으로 빠르게 뛰기 시작하면 호흡곤란으로 쓰러지게 되는 무서운 병이었다.

이때 일정한 간격으로 충격을 가해서 심장이 뛰는 속도를 늦춰주는 것이 제세동기이다. 그런데 그 과정에서 심장이 정지하는 상황이 발생한다. 이때를 대비해서 인공심장박동기가 필요하다. 즉 심장이 너무 빨리 뛰면 제세동기가, 그로 인해 너무 늦게 뛰면 인공심장박동기가 작동한다.

가슴에 기계를 두 개나 넣었지만 위기는 계속되었다. 제세동기가 작동하기 시작했다. 그런데 그 압력이 얼마나 강력했는지 마치 등 뒤에서 누군가가 칼로 찌르는 것처럼 예리한 통증이 반복되었다. 하지만 박동 속도는 안정되지 않았다.

그때 처음으로 죽음의 공포를 느꼈다. 견디기 힘든 통증과 함께 숨이 쉬어지지 않았다. 몸을 가눌 수 없는 극심한 현기증과 함께 '아, 이렇게 죽는구나' 싶었다. 정신이 몽롱해졌다. 쓰러진 나는 다행히 응급실로 옮겨져 제세동기 교체 수술을 받았다.

하지만 그 제세동기 역시 마찬가지였다. 그때마다 나는 극도의 공포에 사로잡히곤 했다. 그 순간의 고통과 죽음에 대한 공포는 겪어보지 않은 사람은 모른다. 호흡곤란으로 쓰러지면 곧바로 응급실행이다. 그곳에서 무슨 방법으로든지 다시 호흡을 정상적으로 돌려놔야만 나는 살 수가 있는 것이다.

정상으로 돌아왔다고 해도 안심할 수 없는데 내 심실빈맥증은 무서울 만큼 빠른 속도로 악화되어 갔다. 가만히 누워만 있는데도 호흡이 가빠져서 점점 더 고통스러웠다. 처음엔 한 달에 한 번, 그다음엔 한 달에 몇 번, 그러다 일주일에 한 번, 나중에는 하루에도 두세 번씩 호흡곤란으로 쓰러지곤 했다. 하지만 그런 공포와 긴박한 상황을 수없이 넘기면서도 심장 이식 수술만큼은 받고 싶지 않아서 약과 응급처치로 1년을 버텼다.

통제 불능인 심장과 함께 나를 덮친 것은 절망이었다. 의식이 명료해질 때면 내 주변의 모든 사람들이 부러워한 내 찬란했던 인생이 끝났다는 생각에 절망했다. 하지만 '그래, 그런 것들은 잃어도 괜찮아' 하고 생각했다. 건강을 되찾은 다음, 다시 시작하면 되니까 말이다.

그런데 사랑하는 아내와 두 딸을 생각하면 앞이 막막했다. 무엇보다 아내를 생각하면 가슴이 먹먹해져서 아무것도 할 수가 없었다. 이대로 죽을지도 모른다는 공포는, 사랑하는 그녀를 불행하게 만들었다는 죄책감이 주는 고통에 비하면 아무것도 아니었다.

아내는 심장병이 이토록 무서운 것인 줄 몰랐다는 말을 자주 했다. 그토록 에너지 넘치고 활력에 차 있던 내가 고속도로에서 쓰러진 그날 이후, 아내의 삶은 천국에서 지옥으로 내동댕이쳐 졌다. 아무런 사전 징후도 없이 갑자기 호흡이 거칠어지면서 얼굴이 파랗게 질려서 쓰러지는 나를 볼 때마다 아내의 눈빛에는 두려움이 가득 차올랐다.

이 시기에 아내가 겪었던 고통을 누가 알까. 어린 두 아이들 뒤치다꺼리하기도 바쁜데 하루 중 대부분의 시간을 병원에 머물며 내 곁을 지켰다. 경제적으로도 최악의 상태였다. 병원에 입원해 있는 동안, 매일매일 어마어마한 금액의 병원비가 들어갔다. 다행히 나는 큰 건축회사의 중역이었고 연봉이 높았기 때문에 대부분은 보험으로 가능했지만, 10억 원이 넘는 보험금도 거의 바닥을 드러내고 있었다.

설상가상으로 내가 쓰러지기 얼마 전, 우리는 우리 형편에 다소 부담이 되는 큰 집을 구입했다. 그 집을 다시 팔고 싶었지만, 최악의 불경기여서 집도 팔리지 않았다.

당시 아내는 절박했다. 심각한 심장병을 가진 내가 이전처럼 정상적인 직장생활을 하는 것이 불가능하다고 판단한 그녀는 이제 자신이 돈을 벌어 가정을 부양해야 한다고 생각하고 있었다. 그래서 나를 간호하고 아이들을 돌보는 한편으로, 취직을 하기 위해 백방으로 알아보고 다녔다. 하지만 병든 남편을 간호하며 아이들을 돌보면서 할 수 있는 일은 어디에도 없었다.

그런 아내는 종종 병원의 게시판 앞에서 멍하니 서 있곤 했다. 그 게시판에는 비서나 회계사를 구한다는 광고가 나곤 했다. 아내는 그 게시판을 그냥 지나치지 못했다. 양손에는 칭얼거리는 어린 두 딸을 붙들고, 늘 간절한 눈빛으로 게시판을 바라보다가 돌아서던 아내의 모습이 얼마나 처량했을까. 한국에 있었더라면 명문대 졸업생으로 남부럽지 않게 자신이 원하는 일을 하며 탄탄대로를 걸었을 텐데, 아내가 나로 인해 상상도 하지 못했던 불행에 휩싸였다는 생각을 하면, 나는 죽고만 싶었다.

결혼하기 전에 이 불행이 닥쳤더라면 얼마나 좋았을까. 내가 아내와 사랑에 빠지기 전에, 너무나도 사랑스러운 두 딸이 이 세상에 태어나기 전에 추락을 했더라면, 나는 그토록 처절하게 무너지지 않았을 것이다. 나의 불행으로 인해 내가 목숨을 주어도 아깝지 않은, 사랑하는 가족이 불행해지는 것을 보는 고통, 그것이야말로 살아있는 사람이 겪는 고통 중에 가장 잔혹하고 무서운 형벌임을 나는 이때 알았다.

이제 당신은
집에 갈 수 없습니다

내가 뭘 그렇게 잘못 살았나 하는 억울함과 함께 나를 덮친 것은 참을 수 없는 분노였다. 내 안에서 나를 공격하는 것이 심장이 아니라 하나님인 것처럼 느껴졌다. 그래서 성경에 나오는 욥이 그러했듯이 나 역시 주님을 원망했다.

욥은 중동 지역에서 가장 부유한 사람이었다. 그러나 하루아침에 그 많은 재산을 잃고 아들딸을 잃었으며 병에 걸려 극심한 고통에 시달렸다. 어떤 악행도 저지르지 않고 주님께 충직하게 살아온 욥이었다. 그는 분노했다. 그리고 원망했다.

나 역시 평생을 믿고 의지해오던 하나님으로부터 완전히 버림받았다는 절망감에 몸부림쳤다. 아무리 생각해도 이해할 수가 없었다. 목사의 아들로 태어나 교회에서 자란 나는 어렸을 때부터 하나님을 사랑하고 그분의 가르침을 따라 살아왔다. 내 삶의 모든 원칙은 모두 그분의 존재와 성경에서 비롯된 것이라고 믿어 의심치 않았다. 그런 나에게 하나님이 이럴 수는 없었다.

아니, 설사 내게 용서받지 못할 큰 잘못이 있다고 치자. 그래도 하나님이 정말 사랑의 하나님이시라면, 나로 인해 나보다 더 큰 고통을 당하고 계신 부모님에게는 정말 이럴 수는 없는 것이다.

이민을 오기 전 어린 시절에 나는 오륙도가 바라다 보이는 부산 용호동에 살았다. 그 시절 '용호동'은 한센병 환자들의 마을이었다. 저주받은 병으로 알려진 한센병에 옮을까 봐, 사람들은 근처에 얼씬도 하지 않았다.

하지만 아버지는 세상 사람으로부터 버림받은 이곳 용호동에서 한센병 환자들을 위해 목회를 시작하셨다. 그렇게 7년을 한 뒤에 사역을 마치려고 하실 때쯤 이번에는 어머니가 다시 7년을 더 하시겠다고 결심하셨다. 첫 7년은 아버지 때문에 마지못해 따라와서 마음도 없이 이들과 함께했으니, 이제부터는 당신의 의지로 그들을 섬기겠다면서 그곳에 남겠다고 하신 것이다.

그 바람에 우리 형제는 용호동에 살면서 초등학교를 다녀야 했다. 우리가 살던 용호동 근처에는 보통 아이들이 다닐 수 있는 학교가 없어서 형과 나는 매일 먼 길을 걸어서 학교를 다녀야 했다. 오고 가는 길에 마을을 지날 때면 아이들은 우리를 '문둥이 대장'이라고 놀리며 자기 동네에 오지 말라고 돌을 던지곤 했다. 하루가 멀다 하고 그런 일을 당하면서 우리 형제는 자신감을 잃고 위축되어 갔다.

자식의 아픔은 부모에게 살을 베어내는 고통이다. 어머니는 머리에 돌을 맞아 피를 흘리며 돌아오는 어린 아들들을 보면서 하염없이 눈물을 짓곤 하셨다. 그렇게 두 분은 세상으로부터 버림받은 한센병 환자들을 13년이나 섬기셨다.

미국에 와서도 하나님 앞에 순종하고 헌신적으로 이웃을 섬기는 부모님의 삶은 변함이 없었다. 아버지는 신학교에 다니면서 목수부터 건물 청소부, 택시 기사까지 온갖 일을 하며 네 자녀를 둔 가장으로서 책임을 다하셨다. 교회를 개척한 뒤에는 말씀과 삶이 하나가 된 삶으로, 사람들의 존경을 받으셨다. 어린 내가 생각해도 아버지는 하나님께 복을 받아 마땅한 사람이었다. 하나님은 천대까지 축복을 주신다고 하니, 그런 아버지 덕분에 나는 물론 내 두 딸도 성공적인 삶을 살 거라고 낙관했다.

그런데 내가 쓰러진 뒤, 부모님은 나로 인해 나보다 더 큰 고통을 받으셨다. 차라리 당신들이 이 고통을 대신할 수 있도록 해달라고 울부짖으셨다.

그런 부모님을 생각할 때마다 내 마음은 분노로 가득했다. 정말 하나님이 살아 계시다면 이런 일은 있어선 안 되는 것이라고, 아버지와 어머니를 봐서라도 나를 이 불행에서 건져주셔야 한다고 울부짖었다. 하지만 상황은 악화일로였다.

호흡곤란으로 정신을 잃고 쓰러지기를 반복하면서 하나님을 원망할 힘조차 사라져갔다. 눈을 뜨고 있으면서도 내가 살아있는 것인지 모를 때도 있었다. 그럴 때면 나도 모르게 눈물이 흘렀다. 결국 더는 어떤 노력과 약물과 의학적 처치로도 버틸 수가 없는 지경이 되었고, 아이젠 박사는 내게 이렇게 말했다.

"이제 당신은 집으로 돌아갈 수 없어요. 당장 입원하세요."

심장을 이식받는 길 외에는 내가 살아날 길이 없다는 사실을 알게 된 그날, 나는 어둡고 조용한 병실 안에서 슬프게 울었다.

내 심장을, 아니
나를 고쳐주십시오

그때부터 병원에 입원해서 심장 이식을 기다렸다. 의사들은 내가 심장 이식을 받을 수 있는 최소한의 건강 상태를 유지할 수 있도록 가능한 모든 방법을 다 동원했다. 약을 쓰다가 그 약이 듣지 않으면 다른 것으로 바꾸었고, 또 효과가 없으면 다시 다른 약을 썼다. 다량의 모르핀을 투여할 때도 있었다. 의식이 있는 한 심장은 뛰므로 어떻게 해서든 의식을 잃지 않게 하려고 노력했다.

특히 주치의는 퇴근도 미룬 채 내 상태를 지켜보고, 출근하면 제일 먼저 나를 보러 왔다. 의사뿐 아니라 간호사들도 각별히 내게 신경을 써주었다. 하지만 심장은 날이 갈수록 악화되고 있었고 견디기 힘든 고통의 날들이 시작됐다.

심장이 나타나기를 기다리는 환자는 나 혼자만이 아니었다. 심장병동에 입원해 있는 5개월 동안 그 수는 늘 스무 명에서 스물다섯 명을 유지했고, 일주일에 한 명꼴로 죽어나가는 환자가 생겼다. 누군가가 보이지 않아 간호사에게 물으면 간밤에 사망했다는 소식을 조심스레 알려주곤 했다.

환자들이 함께 식사를 할 때면 다들 '우리 가운데 1년 후 누가 살아남을까' 하는 눈빛이었다. 아무도 입 밖으로 소리 내어 말하지 않았지만 심장을 받지 못해서, 혹은 심장 이식을 받고서도 우리 가운데 대부분은 죽게 되리라는 사실을, 우리는 모두 알고 있었다. 그래서 심장병동에 입원한 환자들 사이에서는 눈에 보이지 않는 긴장감이 계속된다. 내게 맞는 심장을 기다리는 다른 사람의 존재는, 그 자체만으로도 위협이자 장애물이기 때문이다.

어디 그뿐인가. 심장 이식 수술은 그 자체가 의학적으로 가장 큰 위험과 모험을 동반하는 대수술이었다. 목부터 배꼽 부위까지 몸을 째서 가슴을 완전히 드러낸 다음, 뼈를 전부 끌어내어 활짝 벌린 채 대동맥에 연결된 심장을 떼어내고 다른 심장을 넣어 원래 동맥과 연결해야 한다. 또한 이런 대수술에 따르는 합병증과 감염으로, 수술 후 사망률은 절반이나 된다.

심장병동에 들어와서야 나는 비로소 내 목숨이 나의 것이 아님을 알게 되었다. 나는 그저 다른 사람처럼 잠깐 몸이 아파서 병원에 들어온 사람이 아니었다. 나도 모르는 사이에 나는 죽음의 문턱에 서 있었다.

삶에 대한 근본적인 질문이 내 안에서 아우성쳤다. 과연 무엇이 어디서부터 잘못된 것일까. 나는 그저 주어진 환경에 불평하지 않으며 열심히 최선을 다해 살아왔다. 성공을 하는 것이 축복을 받은 자의 삶이라 생각했고, 고생하시는 부모님을 위해 자식이 해야 할 도리라고 생각했다.

그런데 어느 순간 정신을 차려보니 나는 겨우 서른 초반의 젊은 나이에 병원에 누워 다른 사람의 심장을 기다려야 하는 처지가 된 것이다. 명문대 졸업장도, 유명 회사의 중역 자리도, 심지어 부모님이 하나님 나라를 위해 드렸던 헌신도 아무 소용이 없었다. 오직 누구인지도, 어디에 사는지도 모르는 완벽한 '타인'

의 심장만이 나를 살릴 수 있었다. 아니 그가 죽어야만 내가 살 수 있었다.

아마 그즈음이었을 것이다. 문득 오랫동안 잊고 살았던 어린 시절의 짧은 대화를 떠올리게 되었다. 용호동에서 살 때 나는 한센병을 앓던 내 또래 아이들과 길 하나를 사이에 두고 장난을 치기도 하고 대화를 나누기도 했다. 나는 초등학교에 다니기 전까지는 사람들이 모두 그 친구들처럼 생긴 줄 알았다. 거울을 본 기억이 거의 없기 때문에 나도 비슷하게 생겼을 거라고 생각했다.

그런데 학교를 다니기 시작하면서부터 나는 그들이 사람들이 싫어하는 병에 걸렸다는 것, 그 친구들 때문에 나까지도 '문둥이'라고 불려야 한다는 것을 알게 되었다. 옆 동네 아이들의 돌팔매질을 당할 때는 억울한 생각도 들었지만, 한센병에 걸려서 바깥세상 구경 한 번도 해보지 못하고 살아가는 친구들을 보면 할 말이 없었다.

자신의 의지와는 상관없이 한센병 환자가 된 아이들, 나 같았으면 억울해서 울부짖고 절규하고 부모를 원망했을 것도 같은데 그 아이들은 대부분 나보다 더 잘 웃고, 심성도 착했다. 하루는 친구에게 "어떻게 그렇게 아무렇지도 않은 듯 살 수 있느냐"

고 물었다. 그러자 내 친구는 무덤덤하게 이렇게 대답했다.

"그냥 인정하기로 했어. 나를 이렇게 만드신 주님을 원망하는 대신, 그분 안에서 평화를 찾기로 했어."

"사람들의 미움을 받으면서 어떻게 평화를 느낄 수가 있어?"

"그냥 항복하면 돼. 나를 만드신 하나님의 뜻을 믿고 항복하는 거지. 하나님은 내가 하나님께 쉽게 항복할 수 있도록 이렇게 만드신 거야."

지금 생각을 해도 참 기이한 대화였다. 어린 친구의 입에서 어떻게 그런 말이 나올 수 있는지 지금도 의아하다.

무엇보다 친구가 말한 그 항복이라는 말에 나는 전혀 동의할 수 없었다. 내가 잘못한 것도 없는데 사람들로부터 돌팔매질 당해야 하는 사람으로 만든 하나님께 어떻게 항복을 할 수가 있을까. 항복을 한다는 것은 나를 이렇게 만든 하나님이 옳다고 인정하는 것이다. 그런 항복은 이해조차 하고 싶지 않았다.

그런 나였기에, 막상 심장 이상으로 생명이 위독해졌을 때에도 나는 항복할 준비가 전혀 되어 있지 않았다. 심지어 주치의가

"당신은 이제 심장 이식을 받을 수밖에 없다"고 말했을 때에도 나는 그의 제안을 거절하고 다른 치료 방법을 찾아보자고 우겼다.

하지만 이제 다른 길은 없었다. 이 지경이 되어서야 나는 내 심장을 이렇게 만드신 그분에 대해 다시 생각하기 시작했다. 내성적인 작은 소년이 서른 살이 넘게 살아오는 동안 늘 의지했던 하나님을 생각하자 눈물이 흐르기 시작했다. 어쩌면 문제는 내 심장이 아닌 나 자신이었는지도 모른다. 그 생각과 함께 나는 눈물로 뒤범벅이 된 채 주님 앞에 엎드렸다. 그리고 이렇게 항복했다.

"내 심장을, 아니 나를 고쳐주십시오."

살려주시면,
이웃을 위해 살겠습니다

심장을 기다리는 5개월 동안, 나는 하나님이 내게 원하시는 것을 알기 위해 성경을 읽기 시작했다. 어려서부터 교회에 다녔지만 성경을 처음부터 끝까지 읽어본 적은 없었다. 부분적으로, 챕터별로 공부해본 적은 있지만 통독해본 적이 없었기에 작정하고 하루에 서너 시간씩 성경을 읽기 시작했다. 그렇게 창세기부터 요한계시록까지 모두 세 번을 읽었다.

처음에는 영어로 읽었고, 두 번째는 서툰 한국어로 읽느라 고

생스러웠다. 세 번째는 주석까지 꼼꼼히 읽으며 공부를 했다. 이를테면 열왕기상을 보며 어떤 왕은 누구를 살해했고 어떻게 죽었다는 내용까지 일일이 노트에 적고, 좋은 왕에는 파란 동그라미, 나쁜 왕에는 빨간 동그라미로 표시도 해놓았다. 그런 식으로 공부하니 재미도 있었고, 차츰 깨달아지는 것이 있었다.

성경은 하나님의 말씀을 두 가지 계명으로 정리하고 있다는 사실이었다. 그 계명은 바로 '하나님을 정성을 다해 사랑하라'와 '이웃을 네 몸과 같이 사랑하라'였다. 아니, 가만히 보면 성경은 하나였다. '하나님을 사랑한다면, 네 이웃을 사랑해라'였다. 그 사실을 깨달은 날, 나는 온몸에 전율을 느꼈다.

그때까지 '이웃'은 엄밀히 말하면 내게는 '타인'이었다. 그들은 내 인생에 중요한 존재가 아니었다. 나는 내 힘과 내 능력으로 살아왔다고 믿었다. 내 인생의 중심은 나였다. 능력대로 열심히 일하며 내 길을 가면 그뿐, 다른 사람들의 삶에는 관심이 없었다. 그 사람들을 사랑하고 섬기는 일은 목회자에게 맡기고, 나는 내 인생을 열심히 살면 된다고 생각해왔다.

그런데 성경을 읽으면 읽을수록 그게 아니었다. 내가 만일 하나님을 신뢰하고 그분을 사랑하는 게 맞다면, 나는 그와 동일한 사랑으로 이웃을 사랑해야 하는 것이다. 그리고 예수님이 자신을 죽인 이들을 용서하고 죽기까지 사랑하신 것처럼, 나 또한 이웃을 위해 그들의 아픔과 고통에 참여하여 함께 아파하며 그 고통을 이겨나가도록 돕는 삶, 바로 그 삶을 살아야 하는 것이었다.

어쩌면 주님은 그 사실을 알게 하시려고 내 심장을 이렇게 만드셨는지도 모른다. 이웃은 나에게 그리 중요하지 않다고 생각하며 사는 나에게, 이웃의 심장이 없이는 한 번의 숨도 편히 쉴 수 없는 병을 허락하셨던 것인지도 모른다는 생각이 들었다.

그렇게 나는 하나님과 나만의 관계만을 생각하며 이웃들에게 무관심했던 삶이 얼마나 위험천만한 삶이었는지를 깨닫게 되었다. 하나님은 문제 많은 심장을 통해 나에게 '이웃을 사랑하고 섬기는 자가 진짜 나를 사랑하는 자'라고 말씀하고 계신 것이었다.

나는 뛸 듯이 기뻤다. 만일 내가 쓰러지지 않았다면 이 놀라운 진실을 알기까지 더 많은 시간이 걸렸을지도 모른다. 죽음보다 더한 고통이 매일 나의 앙상한 육신을 짓눌렀지만, 하루하루 성경 말씀을 통해 발견해가는 하늘나라의 비밀이 나의 영혼을 새롭게 했다. 내 마음은 어린아이와 같은 기쁨과 희망으로 가득했고 나의 입에서는 찬양과 더불어 주체할 수 없는 감사의 기도와 서원이 흘러나왔다.

만일 저를 살려주시고 이 병원에서 나가게 해주신다면, 주님이 명하신 대로 내 이웃을 내 몸과 같이 사랑하며 살겠습니다. 어려움에 처한 이웃의 아픔을 나누고 그들의 고통에 참여하며 그들을 섬기며 살겠습니다.

나는 아내에게도 "이식 수술이 성공해서 집으로 돌아가게 되면 내 회사를 만들어서 이웃을 도우며 살고 싶다"고 말했다. 아내는 조금도 주저하지 않고 선뜻 그렇게 하자며 응원해주었다.

그리고 얼마 되지 않아 목마르게 기다리던 나의 심장이 나타났다. 나의 기도와 서원을 기뻐하신 주님이 나에게 주신 천금 같은 기회라고 생각했다.

나의 심장을
그녀에게 주십시오

그런데 불과 몇 분 뒤, 상상도 못 했던 돌발 상황이 발생한 것이다. 바로 옆방에서 내 심장과 똑같은 조건의 심장을 구하지 못해 한 여인이 죽어가고 있었던 것이다.

그 여인의 존재는 나를 혼란스럽게 했다. 맨시니 박사는 그런 나를 진정시키며 거듭 "저 심장은 당신의 심장이며 오늘 저녁에 이식 수술을 할 테니 준비하라"는 말을 남기고는 문을 향해 걸어가고 있었다.

뚜벅뚜벅 걸어가는 박사의 발걸음 소리가 귀에 메아리쳤다.

1초, 2초, 3초. 박사가 이 방을 나가기 전, 나는 뭔가 해야 했다.

"박사님!"

나는 다급하게 그를 불러 세웠다. 맨시니 박사가 뒤돌아서서 나를 바라보았다.

"내 것과 똑같은 심장을 못 찾으면, 옆 병실의 저 여자 환자는 정말 이틀 안에 죽습니까?"
"그렇습니다."

고개를 갸웃하는 그에게 나는 다시 한 번 다짐을 받듯 물었다.

"확실한가요?"
"확실합니다. 우리가 검사한 결과, 이틀을 못 넘길 겁니다."

그는 이렇게 말하며 나에게 다가왔다. 그리고 대체 무슨 생각을 하고 있는 것인지 모르겠다는 눈빛으로 나를 바라보았다. 이틀을 못 넘긴다는 말은 희망이 없다는 뜻이었다. 그러니 포기하라는 뜻이었다. 나도 그러고 싶었다. 하지만 그럴 수 없었다. 그래서 나는 잠시 호흡을 고르고 떨리는 목소리를 애써 가라앉히며 다시 물었다.

"만일 제가 오늘 이식 수술을 받지 못하면 얼마나 더 살 수 있을까요?"
"팀!"
"말해주세요. 제가 얼마나 더 살 수 있을까요?"

잠시 머뭇거리던 박사가 차분하게 대답했다.

"일주일입니다. 잘 견뎌주면 한 달까지도 살 수 있을 겁니다."

그의 대답은, 벅찬 기쁨과 감사로 가득했던 내 마음을 고뇌와 갈등에 휩싸이게 했다. 그녀에게 허락된 시간은 이틀, 하지만 나에겐 최소 일주일의 시간이 남았다. 비록 그녀보다는 몇 배나 많은 시간이지만, 내 생애 마지막이 될지도 모를 그 일주일은 견딜 수 없는 고통의 시간일 것이다.

　기가 막혔다. 나도 죽어가는 마당에 왜 다른 사람의 생사를 걱정해야 하는가. 이 심장은 나의 것이고, 아내와 어린 두 딸이 기다리는 집으로 돌아갈 수 있는 마지막 '희망이자 기회'였다.

　하지만 나는 두 번 다시 오지 않을지도 모를 그 '기회'를 선뜻 손 내밀어 잡을 수가 없었다. 나보다 더 급하게 그 심장이 필요한 사람을 모른 척해도 되는 것일까. 내 이웃을 내 몸과 같이 사랑하겠노라고 했던 나의 다짐은 지금 이 상황과는 상관이 없다고 믿어도 되는 것일까.

　'당연히 괜찮지! 아내와 아이들을 생각해! 넌 충분히 고통받았어. 이제 이 심장으로 그 고통을 끝내고 하나님과 약속한 삶을 시작해!' 하고 외치는 확신에 찬 목소리가 들려왔다. 내 안에 있는 나의 목소리였다. 하지만 마음속 깊은 곳에서는 다른 목소리가 들려왔다.

　'죽어가는 저 여인에게 네 심장이 필요하다.'

　귀를 막고 듣지 않으려고 해도 그 목소리는 사라지지 않았다.

아무리 부인하려고 해도 나는 이미 알고 있었다. 이웃을 사랑한다는 것은 내가 주고 싶은 것을 주는 게 아니라 그들에게 필요한 것을 주는 것이다. 예수님도 자신의 아름다움을 주고 가신 게 아니다. 죄인인 친구들을 살리기 위해서 스스로가 죄인이 되어 대신 돌아가셨다.

누군가를 살리기 위해서는 누군가가 죽어야만 한다. 내 몸과 같이 누군가를 사랑한다는 것은 그 사람을 대신해서 내가 죽는 것을 말한다. 바로 그것이 이웃 사랑이라는 것을, 나는 이미 알고 있었다.

그 신앙적 양심이 계속 나에게 되묻고 있었고, 나는 대답을 해야만 했다. 조용히 박사를 바라보았다. 그리고 이렇게 말했다.

"그녀에게 이 심장을 주십시오."

박사는 소스라치도록 놀라며 나를 만류했다.

"팀. 말도 안 되는 소리 하지 말아요. 그럴 필요 없어요. 제발 이러지 말아요. 내가 괜한 말을 했습니다. 이러다 만약 당신이 죽으면 이 병원에 있는 사람들이 전부 다 날 비난할 겁니다."

"이미 결정했습니다. 제 마음은 변하지 않습니다. 부탁드립니다, 박사님. 이 심장을 그녀에게 주십시오."

"그럴 수 없어요. 만일 당신이 그렇게 하고 싶다면 이건 혼자 결정할 문제가 아니에요. 가족들과 상의하세요. 목숨이 달린 일인데 이렇게 성급하게 결정할 일이 아니에요."

나는 천천히 고개를 저었다. 가족과 상의를 하나마나였다. 아내와 부모님이 내 결정에 찬성할 리 없었다. 내 자식이 이런 상황이라면 나도 당연히 반대할 것이다. 박사는 필사적으로 나의 결심을 돌리려고 했지만, 나는 가족들이 오기 전에 결정하는 게 좋겠다고 박사를 설득했다.

결국, 2년여 만에 겨우 만난 첫 번째 심장은, 내게 온 지 채 한 시간도 안 되어 옆 병실의 여인에게 갔다. 다행히 그녀는 이식 수술을 받고 죽음의 위기를 넘겼다.

하지만 나는 정확히 그로부터 일주일 뒤, 호흡곤란으로 혼수 상태에 빠졌다.

다시 집으로 돌아오다

내가 쓰러지자, 주치의인 아이젠 박사를 비롯해 맨시니 박사 등 병원의 많은 의사들이 나를 살리기 위해 필사적으로 매달렸다. 그들은 나의 생명을 연장시키고 내가 심장 이식 수술을 할 수 있는 상태를 유지하도록 모든 방법을 다 동원했다. 의사들은 돌아가면서 밤새 나를 돌보았고, 아침에 출근한 의사들은 서로의 안부를 묻는 대신 "팀은 아직 살아있어?" 하며 나의 생사 여부를 확인했다.

주치의로부터 나의 결정을 전해 듣게 된 아내와 부모님은, 모든 것을 주님께 맡기고 간절한 기도로 나의 곁을 지켜주었다. 소식을 들은 교회 교인들도 기도에 동참했다. 그렇게 기도의 불길은 뜨겁게 타올랐지만, 이미 제 수명을 다한 나의 심장은 서서히 나를 죽음으로 몰아가고 있었다.

그런데 이상한 일이 벌어지기 시작했다. 병원 분위기가 달라지기 시작한 것이다. 죽음을 눈앞에 둔 한 환자가 다른 사람에게 심장을 양보했다는 이야기가 퍼지면서 감동을 받은 간호사와 병원 직원들이 변하기 시작했다.

응급 상황이 벌어지는 병원은 늘 온갖 불평을 늘어놓는 환자들과 지친 직원들 사이에서 큰 소리가 오가기 마련인데, 그런 일이 서서히 줄어들기 시작했다. 직원도 의사도, 심지어 환자들까지도 선한 마음을 발휘했다. 미움과 질투 대신 서로를 이해하려고 애쓰며 돕고 배려하기 시작한 것이다.

무엇보다 놀라운 사실은 신앙 유무에 상관없이 이들 모두가 한마음이 되어 나를 위해 기도를 해주었다는 사실이다.

그러더니 마침내 내가 쓰러진 지 한 달쯤 되었을 때, 기적적으로 나에게 맞는 또 하나의 심장이 나타났다. 그 사실은 나와 우리 가족은 물론 병원의 모든 이들을 기쁘게 했다. 수술이 진행

되는 동안 교회에서 달려온 이들과 병원의 모든 이들의 간절한 기도가 이어졌다. 그들의 기도와 그 기도에 응답하신 하나님의 은혜로, 수술이 성공적으로 끝났다. 감염도 합병증도 없었다. 나는 그렇게 죽음의 문턱에서 겨우 목숨을 건졌다.

누구보다 나를 감동시킨 사람은 주치의 아이젠 박사였다. 그는 유대인이었지만 회당에도 나가지 않았고 오직 과학과 의학만을 신봉하는 냉철한 이성을 가진 의사였다. 그런 그가 내가 의식을 차렸을 때 이렇게 고백했다.

"내가 당신 때문에 평생 하지 않던 일을 했다는 거 알아요?"
"뭘 하셨는데요?"
"처음으로 기도를 했습니다. 그것도 날마다. 제발 팀하스라는 이 남자를 살려달라고요."

그 말을 들으며 나는 그가 얼마나 나를 간절히 살리고 싶어 했는지 알 수 있었다. 그는 나로 인해, 자신이 신처럼 믿고 있던 의학이 아닌, 하나님께 매달렸던 것이다. 내가 타고난 나쁜 심장으로 인해 하나님 앞에 항복을 했듯, 그는 나로 인해 하나님 앞에 항복을 한 셈이었다.

얼마 뒤, 나는 건강한 몸으로 집에 돌아왔다. 그리고 그때부터 나의 인생은 새롭게 시작되었다. 나의 의지나 계획이 아니라 전적인 하나님의 특별한 은혜와 축복 안에 기적적인 나날을 살아가는 삶이 시작된 것이다.

나는 그 삶을 '페이버favor'의 삶이라고 말한다. 성경의 역사 속에서 하나님은 사랑하시는 모든 자녀들에게 이 특별하고도 비밀스러운 '페이버'를 부으셨다. 지금 나를 아는 모든 사람이 놀라운 시선으로 바라보고 있는 내 삶의 기적은 모두 '페이버'의 축복이다. 그리고 그 축복은 당신을 위해서도 준비되어 있다.

지금부터 당신에게 '페이버'에 관한 놀라운 비밀을 들려주고자 한다.

첫 번째 심장
그 후

나의 이웃은
누구인가

내가 살기 위해서는 누군가가 죽어야 한다는 사실을 처음 알게 되었을 때 내가 받은 충격은 정말 컸다. 그런데 그 귀한 심장을 준 사람에게 나는 해줄 것이 아무것도 없었다. 내가 할 수 있는 일은 그에게 하지 못한 보답을 다른 이들에게 하는 것이었다. 그렇게 하나님은 심장 이상이라는 통로를 통해 하나님만 알고 이웃을 모른 채 살아가던 나를 일깨우셨다. 하나님을 사랑한다면 그 사랑으로 이웃을 동일하게 사랑하며 살아가야 한다는 사실을 알게 하셨다. 그것이 나를 살리신 하나님의 뜻이었다.

이것이 내 회사를 시작하기로 결심한 이유였다. 물론 나와 내 가족을 위해서도 비즈니스는 필요했다. 약값도 필요했고 생활을 꾸려나가야 했으며 아이들 미래도 생각해야 했다. 그러나 나와는 전혀 다른 철학으로 운영되는 기존의 회사에 들어가서는 하나님과의 약속을 지킬 수가 없을 것 같았다. 그래서 내 회사를 시작하기로 한 것이다.

그런데 예상치 못한 벽에 부딪쳤다. 아내가 반대를 하고 나선 것이다. 병원에 있을 때에는 나의 뜻에 선뜻 동의해주었는데 막상 몸이 건강해져서 집에 돌아오자 태도가 돌변했다. 나는 여간 실망한 게 아니었다. 하루라도 빨리 새 출발을 하고 싶었다. 자신도 있었다. 그런데 아내는 요지부동이었다. 창업을 반대하는 가장 큰 이유는 나의 건강 문제였다. "매일 약을 한 움큼씩 먹어서 얼굴이 퉁퉁 부은 사람이 무슨 사업을 하겠다는 거냐"는 이유에서였다.

아내는 창업은 그만두고 당분간 회사를 좀 더 다니면 어떠냐고 권했다. 마침 내가 다니던 회사에서도 퇴원했다는 소식을 듣고 여러 가지 배려를 해주었다. 아직 회복 중이니 매일 출근을 하지는 말고 프로젝트만 가져오라고 했다. 그러면 월급을 주겠다는 것이었다.

물론 내 인맥과 실력을 인정해서 해준 제안이지만, 미국 정서상 나를 해고하기 곤란한 상황이기도 했다. 몸이 아프다고 해서 중역을 해고한다면 사원들이 좋게 생각할 리가 없었기 때문이다. 하지만 아내는 의료보험과 여러 가지 문제가 해결된다는 이유로 몸이 완전히 회복될 때까지 회사를 다니라고 권했다.

하지만 난 회사로 돌아갈 생각이 전혀 없었다. 게다가 건축사 자격증을 가진 것은 나였고, 회사를 시작하는 데 아내가 필요한 것도 아니었다. 시간이 가면 아내도 이해할 것이라 여기고 회사를 시작해도 그만이었다. 아마 아프기 전이었다면, 아내의 반대를 무시하고 회사를 시작했을 것이다.

하지만 죽음의 문턱까지 갔다 오는 동안, 아내를 생각하는 나의 마음은 완전히 달라져 있었다. 성경 말씀에 의하면, 아내는 나의 가장 소중하고 가까운 이웃이었다. 내가 다른 수많은 이웃들을 위해 아무리 좋은 일을 많이 한다고 해도 나의 가장 소중한 이웃인 아내를 무시하고 그녀를 다시 외롭게 하거나 근심하게 만든다면 아무런 의미가 없다고 생각했다.

더구나 지난 2년간, 나로 인해 모진 고생을 한 아내였다. 더이상 그녀를 걱정시키는 일은 하고 싶지 않았다. 아내는 내가 섬기고 도와야 할 첫 번째 이웃이었다.

나는 아내가 허락할 때까지 창업을 미루기로 했다. 그리고 퇴원한 지 6개월이 지난 뒤, 다시 회사에 출근했다. 처음에는 일주일에 2, 3일 정도 출근했고, 퇴원한 지 10개월쯤 되었을 때부터는 풀타임으로 근무했다. 그렇게 1년의 시간이 흘렀다.

'이웃을 돕기 위해 존재하는 회사' 팀하스의 탄생

그즈음 내과의사인 남동생에게서 전화가 걸려왔다. 가족 중에 가장 긍정적이고 위트 넘치는 말로 분위기를 밝게 만들어주는 동생, 나는 그와의 대화가 늘 즐겁다. 그날은 내가 회사를 시작하고 싶어 한다는 말을 전해 듣고 전화를 한 거였다.

"형, 창업하고 싶어 한다면서?"

"응. 아내가 허락을 해주면 곧 시작하려고. 그런데 왜?"

"나도 개업을 하고 싶은데, 내과병원을 개업하려면 적어도 30만 달러(3억 5,000만 원) 정도 들거든. 건축설계회사를 개업하는 데는 얼마나 들어?"

"사무실이 있어야 하는데 일단 집 차고에서 하면 되고, 그 외엔 컴퓨터 하나만 있으면 되지."

"그래? 건축설계회사 차리는 건 훨씬 간단하네?"

그러고 나서 몇 마디 안부를 묻고는 전화를 끊었다. 싱거운 녀석이라 생각하며 잊어버렸는데, 그로부터 약 한 달 뒤, 집에 소포가 배달됐다. 동생이 보낸 커다란 박스 세 개가 도착한 것이다. 아내와 함께 뜯어보니 컴퓨터 세트였다. 컴퓨터 한 대도 살 형편이 안 되는 형을 위해 동생이 신용카드로 사서 보내준 것이었다. 나는 콧등이 찡해져서 아무 말도 못 하고 서 있는데, 아내는 어이가 없다는 듯이 말했다.

"당신, 심장만 고장 난 게 아니라 머리도 어떻게 된 거 아니에요?"

두 손 들었다는 듯이 고개를 절레절레 흔들며, '기어이 사업을 하겠다는 거냐'고 묻듯이 나를 바라보았다. 그 눈빛 속에서 나는 아내의 마음이 기울고 있다는 것을 알았다. 그래서 조용히 그녀의 대답을 기다리고 있는데, 이윽고 아내가 입을 열었다.

"그래요. 이젠 사업을 시작할 때도 된 거 같아요."

순간, 나는 가슴이 뭉클해져서 아내를 바라보았다. 1년 동안 간절히 듣고 싶었던 그 말을 들으며, 그 시간을 견디며 기다릴 수 있도록 함께해주신 하나님께 감사했다.

아내는 나의 창업을 허락해주었을 뿐 아니라, 회사에 합류하기로 했다. 아내는 미국에 와서 MBA를 마치고 직장생활을 하다가 둘째 딸을 낳은 뒤 직장을 그만두었었다. 나는 클라이언트를 만나고, 제안서를 쓰고, 건축설계를 하는 등 주된 업무를 맡고, 아내는 전화를 받고 사무실을 지키는 비서 임무를 맡기로 했다.

회사 이름은 나의 미국식 이름인 팀하스^{TimHaahs}로 하고, 회사의 사훈^{mission statement}에는 이웃 사랑의 뜻을 담았다.

'우리는 이웃을 돕기 위해 존재한다. We exist to help those in need.'

이 사훈은 병원에 있을 때 잠언서를 읽던 중 감동을 받아 31장 20절을 근거로 만든 것이다. 비즈니스를 통해 이웃 사랑을 실천하는 회사를 만드는 것이 창업의 목적이었다.

하지만 가까운 친지나 친구들은 이 사훈을 보며 고개를 갸웃했다. 이익을 추구하는 것이 회사인데 이웃을 돕기 위한 회사가 얼마나 가겠느냐는 걱정 어린 눈빛이었다. 하지만 나는 이웃 사랑이 아닌 다른 목적으로 비즈니스를 할 생각도, 이유도 없었다. 다시는 옛날로 돌아가고 싶지 않았기 때문이다. 그렇게 내 회사 '팀하스'가 탄생했다.

드디어 첫 출근하는 날 아침이 밝았다. 그런데 눈을 뜨자마자 몇 가지 고민이 생겼다. 첫 번째는 '몇 시에 출근하느냐'였고, 두 번째는 '옷차림을 어떻게 할 것인가'였다.

전에 회사에 다닐 때처럼 아침 8시까지 출근을 할 것인가 아니면 샐러리맨처럼 9시에 맞춰서 출근을 해야 하나 고민이 되었다. 옷차림도 문제였다. 회사에 다닐 때는 와이셔츠에 넥타이를 매고 출근을 했지만, 불과 몇 발자국 옆에 있는 내 집 차고로 가면서 그런 복장으로 가는 건 우스워 보였다. 운동복에 티셔츠 차림으로 일을 한다고 해서 뭐랄 사람도 없었다.

하지만 나는 정장 차림으로 아침 일찍 출근하기로 했다. 아무리 차고에 있다지만 엄연히 회사였다. 넥타이는 맬 때도 있고 안 맬 때도 있었지만 깨끗한 와이셔츠를 입고 정확히 8시면 차고로 출근을 하기로 한 것이다.

그렇게 마음먹고 출근을 하는데 부엌에서 아내와 마주쳤다. 놀란 아내는 "외출을 하느냐"고 물었다. 나는 아무렇지도 않다는 듯 "출근하는 길"이라고 대답했다. 아내의 눈이 또 한 번 휘둥그레졌지만 더 이상 아무 말도 하지 않았다. 나의 결정이 옳다는 뜻이었다. 기분이 좋았다.

회사에 출근해서 가장 먼저 한 일은 메일로 나의 지인들에게 창업을 알리고 도움을 요청하는 편지를 쓰는 일이었다. 70여 통의 이메일을 보냈지만 전화는 한 통도 하지 않았다. 이전에 내가 회사에 다닐 때 알았던 고객들과는 거래를 할 수 없었기 때문이다.

미국에서는 회사에 고용되어 중역이 되면, 회사를 관두더라도 3년간은 그 회사의 고객과 거래를 하지 않는다는 계약을 한다. 그것은 건축 분야뿐 아니라 대개의 다른 업계에서도 통하는 관행이다. 만일 내가 회사에서 알았던 고객과 연락을 해서 그 회사와 했던 일을 하면, 나는 고소를 당하도록 되어 있었다.

그런 상황이고 보니 적극적으로 마케팅을 할 수도 없는 상황인 데다가, 내가 창업을 한 1994년 당시는 미국이 불황 후유증으로 여전히 경기가 어려운 때였다. 한국 IMF 사태 때와 비슷했다. 불경기가 장기화되면서 사업을 시작하기엔 최악의 환경이었다.

비록 내가 이전에 일했던 분야였지만, 나는 완전히 밑바닥부터 새롭게 시작하는 것이나 다름없었다. 게다가 구멍가게 수준의 건축회사에 설계를 의뢰할 회사가 있을 거란 기대도 할 수 없었다. 하지만 나는 생사의 고비에서 겨우 발견한 '이웃 사랑'의 삶을 시작한 것만으로도 하루하루가 행복하고 기쁨으로 충만했다.

자선음악회로
이웃 사랑의 삶을 시작하다

회사를 시작한 뒤 가장 먼저 찾아
간 곳이 있었다. 필라델피아 외곽에 본부를 두고 있는 자선단
체 '만나 온 메인 스트리트Manna on Main Street'였다. 이곳은 오랫동
안 길거리 노숙자들에게 식사를 제공하는 '수프 앤 키친Soup and
kitchen'을 운영해온 곳이다. 그런데 이 단체의 형편이 어려워져서
더 이상 식사 제공을 할 수 없게 되었다.

병원에 있을 때 아내와 함께 신문기사를 통해 이 사실을 알게
된 나는 퇴원을 하면 이 단체를 돕기로 결심을 했었다. 회사를

시작한 상황이었지만, 바빠지기 전에 먼저 이 단체를 도와야겠다고 생각했다.

가보니 재정난이 훨씬 더 심각했다. 돈이 없어 도와줄 수가 없었던 나는 자선음악회를 열어 기금을 모으자고 제안했다. 주변에 있는 교회의 도움을 받아 합창단을 만들고 헨델의 〈메시아〉를 공연하자는 제안에 단체 관계자들도 동의했다. 회의 끝에 공연 기획과 진행도 내가 하게 되었다. 그렇게 이웃을 돕기 위한 첫 번째 일을 시작하게 되었다.

하지만 결코 만만한 일이 아니었다. '만나 온 메인 스트리트' 주변에는 한인교회를 포함해 30여 곳의 교회가 있었다. 그 교회를 일일이 찾아가 자선음악회의 취지를 알리고 협조를 구했다. 그렇게 각 교회에서 3, 4명의 성가대원들이 모여 180명의 합창단이 탄생했다. 그사이 지휘자와 반주자, 그리고 협연할 오케스트라를 섭외해서 연습을 시작하도록 했다. 한편으로는 초대장을 쓰고, 연습 장소는 물론 공연 장소도 섭외하기 시작했다. 아예 나는 그 단체의 이사가 되어 적극적으로 단체를 돕는 일에 나섰다.

우리 가족이 출석하던 한인 교회의 한국인 지휘자를 초빙했고, 근처에 있던 미국인 교회의 교인들을 중심으로 40여 명의 오케스트라를 확보하는 데 성공했다. 4개월 동안 이들이 연습에 매진하는 동안 나는 필라델피아 지역 사회에 공연을 알리고 초대장을 만들어 발송하는 등 공연 준비에 전념했다.

그런 나를 바라보는 아내는 어이없어 하는 눈치였다. 돈을 버는 사람이 없으니 생활은 갈수록 더 어려워져 가는데, 가장이라는 사람은 비즈니스는 안 하고 돈 안 되는 음악회를 한다고 돌아다니고 있으니 기가 막혔을 것이다. 하지만 믿음이 깊은 아내는 남편을 죽음에서 살리신 하나님을 신뢰하며 묵묵히 지켜봐 주었다.

그해 겨울, 필라델피아 외곽의 한 고등학교 대강당에서 자선음악회가 열렸다. 최선을 다했지만 처음 해보는 자선공연의 결과가 어떠할지는 전혀 알 수가 없었다. 더구나 심각한 불경기에 너나없이 힘든데 부담되는 자선공연에 와줄 사람이 얼마나 될지 전혀 예측할 수 없었다.

시간은 지나가고 공연 시작이 얼마 남지 않았다. 나는 기도하는 마음으로 무대 뒤에서 객석을 내다보았다. 순간, 나도 모르게 '하나님 감사합니다!' 하는 기도가 흘러나왔다. 객석은 빈자리가 보이지 않을 정도로 사람들로 꽉 차 있었다. 적어도 천 명이 넘는 사람들이 자선공연에 와준 것이다.

이윽고 공연이 시작되었다. 관현악단이 등장해서 자리를 잡고 180명의 합창단이 입장하자 뜨거운 박수가 터져 나왔다. 관객들이 숨죽이며 지켜보는 가운데 헨델의 〈메시아〉 중 44번 '할렐루야'가 시작되었다. 믿을 수 없을 만큼 아름답고 웅장한 합창이 강당을 울렸다.

공연이 진행되는 동안 기부함에 들어 있는 금액을 확인했다. 당초 우리의 모금 목표는 3만 달러였다. 그런데 기부금은 그 절반 정도밖에 되지 않았다. 중간 휴식시간에 나는 무대 위로 올라갔다. 그리고 감사의 인사를 한 뒤 솔직하게 말했다.

"저희가 희망하는 예산은 약 3만 달러입니다. 그런데 아직 절반이 부족합니다. 노숙자들에게 다시 식사를 제공하기 위해서는 1만 5,000달러가 더 필요합니다. 조금씩만 더 도와주십시오."

그러자 사람들의 기부가 이어졌다. 공연이 다시 시작되고 나서 기부함의 금액을 확인해보았다. 기부금은 목표액보다 많은 3만 5,000달러였다. 그렇게 재정난으로 중단되었던 '수프 앤 키친'이 다시 시작되었고 길거리의 노숙자들에게 식사를 제공하게 되었다.

이 자선공연에 대한 평가가 매우 좋아서 공연은 이듬해에 한 번 더 열렸고, 이를 계기로 재정난에 허덕이던 '만나 온 메인 스트리트'는 다시 활발하게 다양한 자선활동을 계속할 수 있게 되었다.

이 공연을 하면서 참으로 많은 것을 깨달았다. 나는 원래 사업을 해서 돈을 벌어 이웃을 돕겠다는 생각을 갖고 있었다. 하지만 하나님은 이 공연을 통해서 돈뿐만 아니라 내가 직접 몸으로 뛰면서 이웃을 도와야 한다는 사실을 일깨워주셨다.

이때의 경험은 이웃돕기의 모형이 되어 팀하스 전 사원으로 하여금 자선단체에 가입해 재정적인 지원은 물론 단체 운영과 사업 기획 등 다양한 분야에 참여하도록 하는 계기가 되었다.

놀라운 삶의 기적
'페이버'의 시작

우리는 당신의 고통에
동참하고 싶습니다

이제, 페이버favor에 대해 이야기를 할 때가 되었다. 앞에서 말한 페이버가 처음 내게 다가왔을 때, 나는 그것이 무엇인지 잘 알지 못했다. 그저 절박한 내 삶에 찾아온 우연한 기적, 행운 정도로 생각을 했었다. 그런데 그런 일이 계속해서 반복되자 '대체 왜 내 삶에 이런 일이 반복되는가' 묻지 않을 수 없었다. 얼마나 이상한 일이 많이 일어났는지 주변의 가족과 친구들조차 궁금해할 정도였다.

처음 페이버의 축복이 찾아온 것은 퇴원을 한 지 얼마 되지 않아서였다. 2년여의 투병 끝에 살아서 집으로 돌아오긴 했으나 나와 내 가족은 절박한 생존의 위기에 놓여 있었다. 당시 내게 남은 것은 우리 가족이 사는 집 한 채밖에 없었다. 몇 채 지니고 있던 집과 타고 다니던 BMW 자동차는 팔아서 약값으로 써버렸기 때문에, 4인 가족이 매일매일 살아갈 생활비도 없었다.

그런 와중에 병원에서는 한국 돈으로 약 4억 원이나 되는 치료비 청구서가 날아왔고, 10억 원 규모의 의료보험도 바닥이 나서 다시 심장에 이상이 생긴다 해도 병원 치료를 받을 수도 없는 상황이었다.

가장 큰 문제는 약값이었다. 생활비도 없는데, 내가 먹어야 하는 약값은 한 달에 1,500달러(약 170만 원)나 됐다. 그 돈이 있을 리 만무했다. 하는 수 없이 나는 병원에 있을 때 알게 된 다른 심장병 환자들을 찾아다니며 약을 얻어먹기 시작했다. 그런 내 자신이 비참하고 부끄러웠다.

하지만 정작 나를 견딜 수 없게 만든 것은 가족의 고통이었다. 하루는 아이들이 집으로 돌아와 방으로 들어갔는데, 급히 신발을 벗느라 아이들의 신발이 뒤집어졌다. 그걸 바로 놓으려고 다가갔을 때 운동화 바닥에 난 작은 구멍이 눈에 들어왔다. 얼마나 오래 신었으면 바닥이 닳아서 구멍이 났을까.

가난한 이민자의 아들이었던 나조차도 구멍 난 운동화는 신어본 적이 없었다. 그런데 내 사랑스러운 어린 딸들이 그런 신발을 신고 다닌다는 사실에 충격을 받았다. 나는 멍해져서 아내에게 말했다.

"아이 운동화 바닥에 구멍이 났어."

그러자 아내는 내게 어깨를 으쓱해 보였다. '그래서 어쩌라고?' 하는 뜻이었다. 나는 그런 아내의 반응이 너무도 낯설었다. 아내가 언제 저렇게 변한 것일까. 아이들의 구멍 난 운동화를 보고도 '거기에 신경 쓸 여유 없다'는 아내가 한없이 야박하게 느껴졌다. 하지만 아내를 그렇게 만든 건 나였다. 지금의 나는 어린 딸의 구멍 난 운동화를 보고도 새 운동화를 사줄 수 없는 형편이 아닌가. 인정하고 싶지 않았지만, 그것이 우리가 처한 냉혹한 삶의 현실이었다.

나는 이대로는 안 되겠다 싶어 집을 팔기로 했다. 집은 사업을 해서 다시 사면 그만이었다. 하지만 아내와 어린 딸들을 이런 상태로 둘 수는 없다고 생각했다.

그런데 그즈음, 이웃에 살던 미국인 부부 데이비드 베노커 David Van Ocker와 그의 아내 린다Linda가 우리 집에 놀러 왔다가 집을 내놓았다는 사실을 알고는 그 이유를 물어보았다. 친구처럼 가까운 사이였기 때문에 나는 솔직하게 사정을 털어놓았다. 돈이 없어서 동료 환자들에게 약을 얻어먹고 있는 형편이며, 최소한의 생활비도 없어서 하는 수 없이 집을 팔기로 했다고 설명했다. 안타까운 눈빛으로 이야기를 들은 친구는 우리를 위로해준 뒤 집으로 돌아갔다.

그로부터 2주쯤 지났을까. 집이 팔리지 않아서 애를 태우고 있는데 데이비드와 린다가 다시 찾아왔다. 그러고는 마침 직장에서 보너스가 들어왔는데 그 돈을 나에게 주고 싶다고 말하면서 봉투를 내밀었다. 열어보니 2만 달러(약 2,200만 원)였다. 나는 깜짝 놀라 그들을 다시 쳐다보았다.

나는 그 돈이 보너스가 아니라는 사실을 알고 있었다. 왜냐하면 당시 데이비드는 작은 엔지니어링 회사의 사원이었고, 나이도 아직 30대 초반이었다. 내가 다니던 회사에도 그 또래의 엔지니어들이 많이 있었는데, 내가 알기로 그는 아직 그 정도로 큰 금액의 보너스를 받을 수 있는 지위가 아니었다. 사실 그 돈은 그가 받는 연봉의 절반 정도 되는 큰돈이었다.

게다가 린다도 이렇다 할 직업이 없었다. 대학에서 화공학을 전공했고 직장을 다닐 수 있는 능력도 있었지만, 그녀는 취직을 하지 않고 부잣집 청소부 일을 하고 있었다. 직장생활에 매여 있느니 수입은 적더라도 자유롭게 일을 하면서 알뜰하게 가정을 꾸려가겠다는 생각에서였다. 그런 상황이니 이들 부부에게 큰돈이 있을 리 만무했다. 그런 이웃집 부부가 2만 달러나 되는 돈을 가져와서 "약을 사서 먹으라"고 건네주는 것이다.

그들은 하나님을 믿는 사람도 아니었다. 린다는 유대인이었고, 데이비드는 어른이 되면서 교회를 가지 않는 사람이었다. 그런 그들이 단지 이웃에 살고 있다는 이유 하나로, 적지 않은 돈을 우리에게 준 것이다. 뜻밖의 상황에 당황한 나와 아내는 아무 말도 못 하고 있었다.

그런데 아내로부터 나는 더 놀라운 사실을 전해 들었다. 사실 그들은 얼마 전에 집을 새로 사서 여러 차례에 걸쳐서 수리를 해야 했다. 그 바람에 결혼한 뒤 열심히 일해서 모은 저금을 거의 다 쓰고, 이젠 2만 달러밖에 없다는 말을 한 적이 있다는 것이었다. 그러니까 그들이 우리에게 준 2만 달러는 그들이 가진 저축의 전부였다.

그런 돈을 받아도 괜찮을지 곰곰이 생각해보았다. 그들의 우정과 호의가 한없이 고마웠지만, 한편으로는 남에게 이유 없이 도움을 받는 게 부끄럽기도 했다. 그러나 솔직히 나는 당시 그 돈을 거절할 여유가 없었다. 그만큼 절박했다. 그래서 나와 아내는 언젠가 돈을 벌면 반드시 갚겠다고 마음먹고 그 돈을 받기로 했다.

그렇게 급박한 생존의 위기를 넘긴 후, 나에게 일이 들어오기 시작했고 조금씩 돈도 벌었다. 오랜 가뭄 끝에 내린 비가 흔적도 없이 땅속으로 스며들듯, 많지 않은 수입은 우리 손에 들어오기가 무섭게 사라졌다. 돈 쓸 곳이 한두 곳이 아니었다. 하지만 우리는 꼭 필요한 곳 외에는 돈을 쓰지 않으며 차곡차곡 모아두었다. 그 시기에는 변변한 외식 한 번도 하지 않았고 영화 한 편 본 기억이 없다. 아이들에게 사주고 싶은 것들도 많았지만 눈을 질끈 감고 넘겼다.

그렇게 1년 반쯤 지났을 때, 우리는 근사한 식당을 예약하고 데이비드와 린다를 초대해서 함께 식사를 했다. 그리고 그동안 알뜰히 모은 2만 달러를 봉투에 넣어 내밀었다. 그러자 데이비드의 아내 린다가 말했다.

"이거, 내가 생각하는 그거 맞아요?"

고개를 끄덕였더니, 그녀는 다시 내 앞으로 봉투를 밀었다.

"받을 수 없어요. 우리는 당신의 은행이 아니라 당신의 친구예요."

데이비드는 그런 아내의 말에 전적으로 동의한다는 듯한 표정으로 우리를 바라보았다. 두 사람이 돈을 받지 않으려 할 거라는 걸 나도 알고 있었다. 하지만 그 돈은 그 부부에게도 큰돈이었다. 아이들이 한창 자랄 때였고, 린다는 여전히 청소 일을 하고 있었다. 돌려주는 게 맞다고 생각했다.

"두 사람의 마음을 모르는 건 아니지만 이 돈을 받아줬으면 해요. 빌린 돈을 갚는 게 아니라 우리의 고마움을 전하는 거라고 생각해주면 안될까요?"

하지만 부부는 고개를 저었다.

"만일 이 돈이 필요 없으면 팀 당신이 도와주고 싶은 사람을 위해 써요. 우리보다는 당신이 어려운 사람들을 더 많이 알잖아요."

나는 난감했다. 어쩔 줄 모르고 있는데, 린다가 다시 입을 열었다.

"우리는 당신 가족의 고통에 동참하고 싶었어요. 그래서 이 돈을 받을 수 없어요."

순간, 나와 아내는 동시에 울컥했다. 그녀는 영어로 정확히 "We want to be a part of your suffering."이라고 말했다. '고통에 동참한다'는 그 기독교적인 '이웃 사랑'의 표현이 유태인 여인의 입에서 튀어나온 것이다.

그 순간 우리는 성령님이 그 자리에 계심을 느꼈다. 내가 병원에 있을 때 '죽어가는 이웃 여인에게 심장을 주라'고 하셨던 그 음성이 지금은 이웃에 사는 여인의 입을 통해 '너의 고통에 동참하고 싶다'는 말로 되돌아오고 있었다.

그들은 단순히 우리를 도운 것이 아니었다. 기꺼이 희생을 감수하면서 우리와 하나가 되고 싶었던 것이다. 우리의 기쁨도 함께해왔듯이 고통도 함께하고 싶었던 것이다. 그래서 내가 얼굴도 모르는 여인에게 내 심장을 준 것처럼, 이제는 내 친구가 우리에게 자신들이 줄 수 있는 전부를 주었던 것이다.

나와 아내의 눈에서 거의 동시에 눈물이 쏟아졌다. 그런 우리를 보는 친구 부부의 눈에서도 눈물이 흘러내렸다. 그렇게 마주 보고 앉아서 눈물을 흘리며 우리는 서로의 존재에 대해 감사하며 기뻐했다.

나중에 알게 되었지만, 이 사건이 바로 페이버^{favor}, 주님의 특별하고도 비밀스러운 축복의 시작이었다.

내가 죽은 뒤에도
그를 도와주시오

회사 문을 연 지 몇 달 만에 아는 사람의 소개로 드디어 설계 건을 소개받게 되었다. 미국에서 두 번째로 큰 신용카드 회사인 MBNA(Maryland Bank National Association, 현재 First American Bank)가 댈러웨이 시에 본사 건물을 새로 짓는데, 공사 감리를 해달라는 것이었다.

회사에 들어온 첫 번째 프로젝트이니 당연히 기뻤지만 걱정이 앞섰다. 새벽부터 현장에 나가 있어야 하는 일이라 내 건강 상태로는 무리였다. 함께 일해줄 사람 없이는 불가능한 상황이었는데, 마침 이전 회사에 있을 때 같이 일했던 부하직원이 나와 일하고 싶다고 연락을 해왔다. 하나님이 보내주신 사람이라는 생각이 들어서 함께 일을 하기로 했다.

그리고 당시 공사 총책임자를 만나러 갔는데, MBNA의 상임 부사장인 로저 크로지어^{Roger Crozier}였다. 그런데 그는 전형적인 금융업계 인사가 아니었다. 캐나다 출신으로 북미아이스하키리 그^{NHL} 소속 유명 하키 선수였던 그는 캐나다 팀에서는 물론 미국에서도 선수로 활동하며 NHL의 결승전인 스탠리컵 대회에 세 번이나 출전했었다. 하지만 그는 화려한 이력에 비해 말이 없고 과묵한 스타일이었다.

나는 그와 처음 만난 자리에서 솔직하게 나의 상태를 털어놓았다. 현재 이식받은 심장으로 살고 있고, 매일 약을 한 움큼씩 먹으면서 건강에 신경을 써야 하는 상황이며, 사실 언제 죽을지 모르는 상태이기 때문에 만일의 경우에 대비해서 실무는 내가 아닌 직원이 맡게 될 것이라고 말했다. 그리고 '이웃을 돕기 위해 존재한다'는 목표를 가지고 설립된 우리 회사는 아직 창립한 지 몇 개월밖에 안 되는 작은 회사라는 사실도 밝혔다.

내 이야기를 들으며 그도 처음에는 놀라는 표정이었다. 당연한 반응이었다. 최소 수천 명의 직원들이 사용하게 될 새 건물의 건축 감리를 할 사람이 찾아와서 '언제 죽을지 모른다' '창립한 지 불과 몇 개월밖에 안 된 작은 회사다'라고 말을 하는데 고민되지 않을 사람이 있을까. 곤혹스러워하는 그의 표정을 보며 나는 일을 못할 수도 있다고 생각하면서 그의 답을 기다렸다.

그런데 의외의 상황이 벌어졌다. 그가 그 일을 내게 맡기기로 한 것이다. 사실 MBNA 정도 되면 경력도 많고 무엇보다 '언제 쓰러질지 걱정하지 않아도 되는' 사람을 구하는 건 그리 어렵지 않은 일이었다. 그럼에도 불구하고 그는 나에게 일을 맡긴 것이다. 나를 그에게 소개해준 지인도 의외라는 반응을 보이긴 마찬가지였다.

아무튼 그렇게 처음 맡게 된 일은 약 3,000~4,000만 원 규모의 설계 감리 일이었다. 일의 규모는 그리 크지 않았지만, 건강도 회복되지 않은 나를 믿고 일을 맡겨준 크로지어 부사장이 고마웠다. 그래서 직원과 나는 최선을 다해서 일을 마쳤다.

그런데 이상한 일이 계속되었다. 당시 MBNA는 다섯 개 동의 본사 건물을 짓기 위해 공사를 시작했는데, 우리가 감리한 건물이 그 첫 번째 건물이었다. 그런데 감리가 끝나자 이번에는 3억 원 규모의 두 번째 건물의 설계를 맡아달라고 제안해왔다.

순간 내 귀를 의심했다. MBNA 본사 건축은 회의 때마다 거의 20명의 관계자가 모일 정도로 큰 프로젝트였다. 외부적으로도 미국 금융계뿐 아니라 미국 동부의 건축계가 주목하는 뉴스거리였다. 그런데 그런 큰 프로젝트를 아직 검증도 되지 않은 신생 업체에 맡긴 것이다.

더욱 놀랄 일은 두 번째 건물 설계, 한 건만 맡긴 게 아니었다는 사실이다. 나머지 네 개 건물의 설계 프로젝트도 모두 우리에게 주었다.

그뿐만이 아니었다. "필요한 비용을 알아서 청구하라" 하고는 우리가 청구하는 대로 모두 결제해주었다. 물론 굳이 갖다 붙이자면 이유가 없는 것은 아니었다. 당시 MBNA 본사 건물 신축 프로젝트는 시간에 쫓기고 있었다. 비용을 절감하는 것보다 예정된 기간 안에 그들이 원하는 건물을 완성하는 것이 중요했다. 그런 그들에게는 '시간 안에 그 일을 해낼 수 있는 파트너'가 필요했다. 그래서 우리도 밤을 새워가며 일을 해서 그들이 원하는 시간 안에 일을 처리해주었다. 아마 그들이 보기에도 우리 회사가 빈약한 경력이나 규모에 비해서는 상당히 일을 잘한다고 생각했을 수는 있다.

그렇다 해도 갓 설립한 작은 회사에 그런 큰 프로젝트를 맡기는 경우는 거의 찾아보기 힘들다. 맡긴다 해도 작은 회사니만큼 비용을 깎으려고 하는 게 일반적이다. 그런데 MBNA는 가격 협상도 하지 않고 우리가 청구하는 대로 설계비를 모두 지급해주었다. 한마디로 이 바닥에서는 일어날 수 없는 일이 일어난 것이다.

그 기적 같은 일들 뒤에는 로저 크로지어 부사장이 있었다. 그가 내게 준 기회는, 단순히 아픈 사람을 도와준다는 수준을 넘어선 것이었다. 우리 회사에 일을 맡김으로써 그가 감당해야 하는 리스크를 모를 리 없었다. 그러나 그는 아무 말 없이 지속적으로 큰 프로젝트를 맡겨주었다. 그런 로저 크로지어 부사장은 나에게 '풀리지 않는 수수께끼' 같은 사람이었다.

하지만 그가 왜 그러는지 누구도 이야기해주지 않았고 나는 영문도 모른 채 MBNA에서만 다섯 개의 큰 프로젝트를 연속적으로 하게 되었다. 그저 나와 직원들은 그에게 감사하며 MBNA 프로젝트의 완성도를 높이기 위해 최선을 다했다.

그사이 차고에서 시작한 회사는 작은 사무실로 이전을 했고, 나의 평생 동업자인 놀리 부사장을 비롯해 함께 일하는 직원도

점차 늘어났다. 컴퓨터 한 대로 시작한 회사가 건축설계회사의 기틀을 갖추게 된 것이다.

그렇게 MBNA와 인연을 맺은 지 3년째 되던 해였다. 어느 날 한 통의 전화가 걸려왔다.

"안녕하세요? 저는 로저 크로지어 부사장님 비서입니다. 전해 드릴 말씀이 있어서 전화를 드렸습니다."

그의 비서가 나에게 전화를 한 적이 없었기 때문에 무슨 일인지 의아했다.

"로저 크로지어 부사장님이 돌아가셨습니다."

순간, 나는 내 귀를 의심했다. 내 평생 가장 충격적이었던 전화는 그렇게 시작되었다.

"예? 돌아가셨다고요? 아니, 어떻게 그렇게 갑자기……."
"암이었습니다."

"암이요? 저는 전혀 몰랐습니다."

"부사장님이 아무에게도 말하지 말라고 하셨습니다. 회사에서는 저와 부사장님의 상사인 사장님만 알고 계셨지요."

나는 그녀의 말이 귀에 잘 들어오지 않았다. 얼마 전 프로젝트 회의장에서도 그를 보았다. 그런데 갑자기 세상을 떠나다니! 무엇보다 아무런 이유 없이 나를 도와주었던 그에게 고맙다는 말도 제대로 하지 못한 상태였다.

"장례식에 꼭 와주시길 바랍니다."

"당연히 가야지요. 가긴 하겠지만, 이 상황이 너무 갑작스러워서……."

나는 너무도 허탈해서 아무 생각도 할 수 없었다. 내 머릿속은 온통 뒤죽박죽이었다. 3년간 있었던 그와의 만남을 떠올려보았다. 내 머릿속에 남은 그의 말들, 그의 표정과 눈빛을 되새겨보았지만 어떤 특별한 것도 없었다. 그 사실이 나를 더 허탈하고 미안하게 만들었다.

정말이지, 나는 그에 대해 아는 게 너무 없었다. 그렇게 큰 프로젝트를 하면서도 나는 그와 개인적으로 이메일을 주고받은 적도 없었고, 따로 만나서 식사 한 번 한 적도 없었다. 회의석상에서 만난 것 말고는 얼굴을 마주한 적이 없었다. 프로젝트를 하다 보면 회의장에서 만난다 해도 대개 간단히 가족 안부를 묻는 정도의 인사는 주고받는데, 그와는 그런 짧은 대화조차 나눈 적이 없었다. 그런 그가 대체 무슨 생각으로 나를 도와주었던 것일까.

　내 머리로는 도저히 풀리지 않는 의문으로 할 말을 잃은 채 전화기를 붙들고 있었다. 그러자 그녀가 다시 말했다.

　"아마 비서인 제가 직접 전화해서 더 놀라셨겠죠."

　"네. 사실, 그렇습니다."

　"많이 궁금하실 거라 생각합니다. 당연히 그러시겠지요. 저는 그분을 오래 모셨습니다. 실은 이런 일이 있었습니다."

　그녀는 차분한 목소리로 이야기를 시작했다.

　3년 전, 로저 크로지어 부사장은 병원으로부터 암으로 인해 시한부 선고를 받았다. 그에게 허락된 시간은 길어야 2년이었다. 그로 인해 그는 절망에 빠졌다.

그 사실을 아는 사람은 비서뿐이었다. 비서는 당시 그가 받은 충격이 어떠했는지를 곁에서 지켜본 유일한 사람이었다. 부사장실과 비서실 사이에는 환히 비치는 통유리로 된 벽이 있었다. 그 유리를 통해 비서는 부사장을 지켜볼 수가 있었다.

그런데 어느 날부터인가 부사장이 조금 이상해 보였다. 열정적이고 누구보다 활기찬 사람이었다. 그랬던 그가 꼼짝하지 않고 자리에 앉아 천장을 바라보고 앉아 있는 모습이 자주 눈에 띄었다. 얼마 뒤 그가 시한부 선고를 받았다는 사실을 알게 된 비서에게도 부사장의 고통이 고스란히 전해져왔다. 사랑하는 가족을 두고 이렇게도 갑자기 세상을 떠나야 한다는 생각에 그는 점점 딴사람으로 변해갔다.

그즈음 새로 회사 건축 감리를 맡게 된 젊은 건축가가 한 사람 찾아와 회의를 하고 돌아갔다. 바로 나였다. 그리고 난 뒤 얼마 안 돼서 부사장은 비서에게 불쑥 이렇게 말했다.

"팀하스(나의 미국 이름)라는 친구, 죽음의 문턱까지 갔다가 심장 이식 수술을 받고 살아났다는군."

"네. 저도 들었어요."

"나, 그 사람을 도와주고 싶어."

"만난 지 얼마 안 된 사람을요?"

"죽음의 문턱에서 다시 살아난 그 사람한테 희망을 걸기로 했어. 내가 만나고 싶은 희망을 그가 만났으니까. 내가 살고 싶은 삶을 대신 살게 해주고 싶어. 그 사람이 꼭 성공했으면 좋겠어."

그리고 잠시 말을 멈춘 부사장은 이렇게 말을 맺었다.

"그렇게, 내가 죽은 뒤에도 그 사람을 통해서 살고 싶어.I want live through him."

비서의 가슴에 뜨거운 무언가가 찌릿하게 전해져왔다. 그리고 눈가가 젖어오기 시작했다. '그 사람을 통해서 살고 싶어I want live through him'라는 말 속에서, 그녀는 다가오는 죽음과 치열하게 싸우고 있는 인간의 모습을 보았다. 눈앞에 다가온 죽음을 도저히 받아들일 수 없는 한 인간이 선택한 '간절한 존재에의 갈망'이 그녀의 가슴에 뜨겁게 전해졌다.

죽음 앞에서 그 젊은 건축가가 만난 기적이 얼마나 부럽고 갖고 싶었으면, '그를 통해 살고 싶다 I want live through him'고 생각했을까.

그날, 그녀는 혼자 오래도록 울었다. 그리고 얼마 남지 않은 삶을 사는 동안 부사장이 원하는 일을 기쁘게 할 수 있도록 곁에서 응원하며 지켜봐주기로 했다.

이후 크로지어 부사장은 모든 것을 비밀로 한 채 지속적으로 나에게 프로젝트를 주어 나의 성공을 도왔다. 나의 회사가 성장하고 맡은 프로젝트로 좋은 평가를 받는 것을 보면서 부사장과 그녀는 뒤에서 무척이나 기뻐했다고 한다.

그리고 마침내 생의 마지막 순간이 다가오자, 그는 혼수상태에 빠지기 전 이렇게 유언했다.

"내가 죽은 후에도 그가 성공하도록 꼭 도와주시오."

비서가 낮게 가라앉은 목소리로 긴 이야기를 마쳤다. 비로소 모든 수수께끼가 풀렸고, 전화기를 들고 있던 내 눈에서도 뜨거운 눈물이 흘러내렸다. 얼굴도 보지 못한 사람의 심장으로 겨우 죽음의 문턱에서 살아난 나는, 처음 만난 이웃으로부터 갚을 수 없는 커다란 은혜를 입은 것이다.

그의 장례식 날, 많은 사람들이 내게 다가와 따뜻한 위로와 격려를 전했다. 살아서는 그 자신이 그랬듯, 죽은 뒤에는 그를 사랑하고 신뢰했던 많은 이들을 나의 친구로 만들어주고 떠난 생의 은인, 로저 크로지어. 나는 그에게 무언가 보답할 기회조차 없었다.

그가 세상을 떠난 뒤에도 MBNA는 계속해서 나에게 크고 작은 여러 프로젝트를 맡겨주었다. 그사이 나는 건강이 조금씩 좋아지고 있었고 회사도 기반을 잡아갔다. 하지만 그와의 만남을 떠올리면 기이한 생각을 떨쳐버릴 수가 없었다.

'죽음의 문턱에서 겨우 살아난 내가 시한부 인생을 선고받은 대기업의 부사장을 만난 것이 과연 우연이었을까. 물론 사람이 살면서 한 번쯤 이런 믿을 수 없는 행운을 만날 수는 있을 것이다. 그냥 그 행운을 허락하신 하나님께 감사하자.'

이때까지만 해도 나의 생각은 여기까지였다. 나는 그 놀라운 일을 겪고도 그것이 '페이버favor'라는 사실을 알지 못했다. 하지만 놀라운 일들은 그 후로도 계속되었다.

우리가 당신의 심장을
책임지겠습니다

MBNA와 한창 일하던 무렵, 주치의 아이젠 박사로부터 전화가 걸려왔다. 그즈음 그는 펜실베이니아 대학병원에서 템플 대학병원으로 자리를 옮겼는데, 나에게 앞으로는 템플 대학병원에 와서 치료를 하라고 말했다.

나는 고개를 갸웃했다. 의사와 환자 관계에서만 보면 나쁜 일이 아니지만, 미국 정서로는 의사가 병원을 옮기면서 환자를 데리고 가는 것을 그리 좋게 보지 않는다. 더구나 그의 인품으로 볼 때 그런 일을 할 사람도 아니었다. 결정적으로 나는 그가 데려간다고 해서 이익이 되는 고객도 아니었다. 아무리 생각을 해도 좀 의아한 일이었다.

그리고 나는 그가 오라고 한다 해서 갈 수 있는 형편도 아니었다. 당시 나는 의료보험도 없었고, 설사 보험이 있다 해도 심장 이식 수술을 받았기 때문에 심장 관련 질환에 대해서는 더 이상 보험 혜택을 받을 수 없었다. 그런 사실을 말하자 아이젠 박사는 알았다고 하고는 전화를 끊었다.

그런데 석 달 뒤, 아이젠 박사에게서 다시 전화가 왔다. "왜 병원에 오지 않느냐"는 것이었다. 그래서 나는 "전에 사정을 모두 이야기하지 않았냐?"고 말했다. 그러자 그는 알았다면서 전화를 끊었다. 이제는 다시 전화가 오지 않을 거라고 생각했다.

그런데 한 달쯤 지난 뒤, 이번에는 템플 대학병원 병원장이 보낸 공식 편지가 날아왔다. 그 편지에는 아이젠 박사를 통해서 이야기를 들어 알고 있으며 그래도 치료를 해줄 테니 병원을 옮기라는 내용이 쓰여 있었다.

아내와 나는 깜짝 놀랐다. 도무지 왜 병원을 옮기라고 하는 것인지 알 수가 없었다. 심장 환자를 치료하는 데에는 엄청난 비용이 들어간다. 만일 내 심장에 또 문제가 생기면 다시 심장 이식 수술을 받아야 한다. 그런데 수술 한 번에 최소 3억 원이 넘게 든다. 호흡곤란으로 위급한 상황이 생기면 집중치료실에 들어가는데 거긴 하루에 최소 3,000달러(약 340만 원)가 든다. 물론 사립대학인 펜실베이니아 대학병원보다는 공립대학인 템플 대학병원의 진료비가 훨씬 더 싸다. 하지만 보험도 없는 나를 그들이 받아들이려면 막대한 비용 부담을 감수해야만 한다.

아내는 템플 대학병원이 그렇게까지 하면서 나를 데려갈 이유가 없다면서 "진짜 병원장이 사인을 한 것인지 확인해보자"고 했다. 그래서 내가 손가락 끝에 침을 묻혀서 사인한 부분을 문질러보았다. 그랬더니 잉크가 스윽 뭉개지는 것이 아닌가! 병원장이 직접 사인을 한 게 틀림없었다. 즉 이 모든 부담을 감수하고라도 이들은 나를 치료해주기를 원하고 있었다.

나는 고민에 빠졌다. 사실 펜실베이니아 대학병원은 나로 인해 10억 원 이상의 치료비를 받았기 때문에 계속해서 나를 치료해줄 도의적인 의무가 있었다. 그런데 아이젠 박사와 템플 대학병원 병원장 말만 믿고 섣불리 병원을 옮겼다가 일이 틀어지면, 펜실베이니아 대학병원에서 치료받을 길마저 막힐 가능성이 있었다.

그래서 고민하고 있는데, 예상 밖의 소식이 들렸다. 정부에서 침체되고 있는 경기를 부양하기 위해 사업을 시작한 사람들에게 직장 의료보험에 가입할 수 있게 해준다는 것이다. 그 덕분에 나도 심장 이식 수술을 제외하고는 의료보험 혜택을 받을 수 있게 되었다.

상황이 그렇게 바뀌자, 나는 병원을 옮기기로 결심하고 아이젠 박사를 찾아가 나의 결심을 알린 뒤 병원장에게 인사를 하러 갔다. 그를 만난 자리에서 이렇게 감사의 마음을 전했다.

"생각지도 못했던 친절하신 배려에 감사드립니다. Thank you for your kind and amazing deed."

나는 'deed'라는 단어로 그에게 깊은 감사의 마음을 전했다. 이 단어는 '매우 관대하고, 영웅적인 선한 일'을 한 사람에게 쓰는 특별한 표현이었다.

체격이 좋고 몸집이 큰 병원장은 척 보기에도 매우 통이 크고 관대한 인상을 주는 사람이었다. 그는 민망한 듯 별다른 표정 변화 없이 그저 잘 왔다는 말로 내 인사에 답을 했다. 그런 그에게 나는 "당신에게 좋은 소식이 있다"고 말한 뒤, 사업을 시작했기 때문에 의료보험이 가능해져서 심장 수술을 하는 것 이외에는 치료비를 낼 수 있게 되었다고 말했다. 병원장은 잘 되었다며 좋아했다.

"그래서 이제는 보험료를 내야 하니 일을 많이 해야 합니다. 병원에서도 혹시 건축 감리나 설계가 필요하시면 제게 맡겨주십시오."

이 말은 사업을 시작한 사람으로서 누구에게나, 어디서나 할 수 있는 의례적인 말이었고, 해야 하는 말이었다. 사업을 하는 사람에게는 인사말이나 다름없는 말이었다.

그런데 그 말을 들은 병원장은 '알았다'면서 곧바로 메모지를 꺼내더니 내가 보는 앞에서 이렇게 썼다.

"조지, 팀에게 일을 주세요. George, retain Tim."

그러고는 진료를 잘 받으라고 말했다. 병원장과의 만남은 그렇게 마무리가 되었다. 그런데 며칠 뒤 조지라는 사람에게서 연락이 왔다. 알고 보니 그는 템플대학의 주요 시설과 각종 공사를 관리하는 책임자였다. 그는 나에게 "일을 줄 테니 찾아오라"고 말했다. 그렇게 해서 400~500만 원 규모의 작은 프로젝트를 몇 개 맡아서 진행했다. 그러던 어느 날, 진료를 받기 위해 병원에 갔는데 누군가가 뒤에서 내 이름을 부르는 소리가 들렸다. 뒤돌아보니 병원장이었다.

"우리가 지금 차량 1,700대를 수용할 수 있는 주차 빌딩을 지어야 하는데 할 수 있겠습니까?"

1,700대의 차가 들어가는 주차장이라니! 엄청난 규모였다. 깜짝 놀랐지만, 나는 곧바로 대답했다.

"그럼요, 할 수 있습니다."
"좋아요."
"그런데 공립대학이라 이 정도 큰 공사는 입찰을 해야 될 텐데, 저희 회사는 아주 작은 회사라서 될지 모르겠는데요."

"그건 당신이 알아서 해결해요."

병원장은 싱긋 웃으며 말했다. 그렇게 나는 템플 대학병원 주차 빌딩 설계 용역 입찰에 참가할 수 있게 되었다.

템플대학은 공립대학이라 입찰 조건이 아주 까다로웠다. 하지만 이미 전에 다니던 회사에서 그런 경험을 모두 해본 터여서 준비는 어렵지 않았다. 창업한 지 얼마 되지 않은 작은 회사이기 때문에 불리한 점이 많았지만, 낮은 낙찰가로 경쟁하면 가능했다. 결국 기준 가격보다 20% 정도 낮은 금액으로 입찰해서 우리 회사가 설계 용역을 따냈다.

업계가 깜짝 놀랐다. 작은 회사가 MBNA와 같은 큰 회사의 프로젝트를 하더니 템플대학의 대규모 주차 빌딩 설계까지 맡게 되자, 그 이후로 우리 회사에는 큰 프로젝트들이 물밀듯이 들어오기 시작했다. 그 정도면 믿을 만하다는 신뢰가 쌓였기 때문이었다.

정말 꿈같은 일이었다. 병원을 옮기느냐 마느냐의 문제에서 시작된 일이, 결국 나의 회사를 '주차 빌딩' 전문회사로 안전하게 착륙시키는 결정적인 행운으로 변했으니 말이다.

하나님의 선물,
페이버를 찾아서

페이버,
그 특별한 은혜

나는 부산에서 살다 열세 살 때 미국으로 갔다. 그러니 나의 한국어는 초등학교 6학년 수준이다. 간단하고 가벼운 말은 문제없이 할 수 있지만, 감정이 풍부하고 체험을 해야만 알 수 있는 단어들은 모르는 게 많다.

'정'이라는 단어도 그중에 하나였다. 이 단어를 처음 들은 건 대학시절이다. 주변에 한국 사람이 별로 없었기 때문에 주로 미국 친구들하고만 어울려 다녔는데, 대학 때 알게 된 한국인 친구가 조용필의 〈정〉이라는 노래를 가르쳐주었다. 가사의 뜻도 잘 몰랐지만 속삭이는 듯도 하고 애절한 선율이 마음에 들어 친구들과 함께 자주 들었고, 또 부르곤 했다. 그래서 지금도 그 노래 가사를 외우고 있다.

정이란 무엇일까
받는 걸까 주는 걸까
받을 땐 꿈속 같고
줄 때는 안타까워
정을 쏟고 정에 울며
살아온 살아온 내 가슴에
오늘도 남모르게 무지개 뜨네

나는 이 노래를 참 좋아했다. 그런데 정작 '정'이란 말의 뜻이 무엇인지 정확하게 이해하지 못했다. 이 단어의 뜻을 알기 전에 미국에 갔고 또 영어에는 '정'이란 느낌을 가진 단어가 없었다. 모든 영어 단어를 동원해 아무리 설명을 해도 '정'이라는 단어가 가진 오묘하고도 깊은 의미를 표현할 수 없었다.

그러다가 시간이 흐르고 나이가 들면서 이 단어의 뜻이 조금씩 이해되기 시작했다. 정이 사랑보다 더 뜨거울 수 있고, 사랑보다 더 끈끈한 의리를 담고 있다는 것을. 무엇보다도 사랑보다 더 오래갈 수 있으며, 사랑은 용서를 못 해도, 정 때문에 용서가 가능하다는 것도 알게 되었다. '정'은 너무나 멋있는 단어였다. 그래서 나는 '정'이라는 단어를 모르는 미국 사람들이 안됐다는 생각을 하기도 한다. 영어로는 그냥 '사랑', 즉 Love라고밖에는 표현할 수가 없기 때문이다.

그런데 반대로 영어에는 있으나 한국어에는 없어서 한국 사람들이 그 단어를 모르는 게 안타깝게 생각될 때가 있다. 그 단어가 바로 '페이버favor'다. 한국 학자에게 어떻게 번역할 수 있느냐고 물었더니 대개는 '호의'라고 번역한다고 말해주었다.

성경에서는 이 단어를 '은혜' 혹은 '은총'이라고 번역한다. 그런데 아무리 봐도 '은혜'는 '페이버'의 정확한 번역이라고 볼 수 없다. 마치 영어에 '정'이라는 단어가 없어서 '사랑'으로 표현하듯이, 한국어에는 '페이버'와 같은 뜻을 가진 마땅한 단어가 없어서 '은혜' 혹은 '은총'으로 적고 있는 것이다.

그러나 구약성경을 보면 히브리어도 이 '페이버'*를 '은혜'나 '은총'과는 구분하여 다른 단어로 표현한다. 그래서 영어 성경에서도 'grace'나 'mercy'와는 다른 단어인 '페이버favor'로 구분하여 표현한 것이다.

한국어가 감정이 풍부한 말이라면, 영어는 정확한 말이다. 그래서 과학을 설명할 때는 영어가 적합하고, 한국어로는 설명하기가 어렵다. 이런 언어의 차이로 인해 한국에 '페이버'의 의미가 정확하게 알려지지 않은 것 같다.

그런데 이렇게 단어의 뜻이 모호할 때는 그 단어를 사용하는 문장을 보면 좀 더 그 의미를 정확하게 알 수 있다.

"Hey, do me a favor."

● 히브리어 구약과 신약 성경에 있는 '페이버' 관련 어원을 소개한다. 더 자세한 내용은 다음 사이트를 참고하면 된다.
http://biblehub.com/hebrew/2580.htm
https://www.skipmoen.com/2012/01/under-his-wings/

헤세드חסד Grace: 언약에 기초한 은혜. 무조건적인 하나님의 은혜
라훔רחם Mercy: 긍휼히 여기심. 자비
헨חן Favor: 하나님의 뜻대로 살기 위해 노력하는 이들에게 주시는 은혜

'헨חן'이 나올 때는 '헨 베에이네ㅎ카בְּעֵינֶיךָ חֵן'처럼 '주님이 보시기에(in your eyes)'라는 뜻의 '베에이네ㅎ카בְּעֵינֶיךָ'와 함께 사용되는 경우가 많다. 구약의 '헤세드חסד'와 '헨חן'은 신약에서는 헬라어 '카리스χάρις'로 표현된다.

'이봐, 부탁 좀 하자'라는 뜻이다. 가까운 친구에게 하는 표현이다. 꼭 들어줄 의무는 없지만 '네 친구인 내 얼굴을 봐서' 꼭 들어달라고 부탁할 때 쓰는 표현이다.

"May I ask a favor of you?"

'부탁을 좀 해도 될까요?'라는 뜻이다. 모르는 사람에게 뭔가를 물어볼 때나 부탁할 때 쓰는 표현이다. 그런데 이때의 부탁은, 당당한 요청이 아니다. 이건 상대방이 들어줄 수도 있고 안 들어줄 수도 있는 경우에 쓰는 말이다. 이 점을 기억해두고 다음 문장을 보자.

"If I have found favor in Your eyes"

'당신 보시기에 좋았다면'이라는 뜻이다. 좀 더 정확하게 말하면 '만일 제가 당신 보시기에 페이버_{favor}가 있다면'이라는 뜻이다.

이 표현은 놀랍게도 성경 속에서 많이 등장한다. 그것도 구약에서만 등장하는데, 이 표현을 쓴 사람들은 우리가 잘 아는 인물들이다. 특히 삶의 결정적인 순간에 맞닥뜨린 모세의 기도에, 아브라함의 기도에, 욥의 기도에, 그리고 솔로몬과 다니엘과 에스더와 룻 등 성경의 모든 위대한 인물들의 기도에 등장한다. 즉 삶의 결정적인 순간에 하나님께 도움을 요청할 때 이런 표현으로 기도를 한다.

미디안 광야에 살고 있던 양치기 모세에게 하나님이 '하고 싶지 않은 일'을 시킨다. 그 일은 '애굽으로 가서 내 백성을 데리고 나오라'는 것이었다. 모세는 정말 그 일을 하고 싶지 않았다. 모세는 가기 싫다고 버텼지만, 결국 순종을 할 수밖에 없다고 생각하고 이렇게 기도한다.

내가 참으로 주의 목전에 은총을 입었사오면 원하건대 주의 길을 내게 보이사 내게 주를 알리시고 나로 주의 목전에 은총을 입게 하시며 이 족속을 주의 백성으로 여기소서. (출애굽기 33:13)

그런데 이 문장을 영어 성경으로 보면 이렇게 되어 있다.

*Now therefore, I pray thee, if I have found **favor** in thy sight, show me now thy ways, that I may know thee, to the end that I may find **favor** in thy sight... ASV*

If You are pleased with me, teach me Your ways so I may
*know You and continue to find **favor** with You… NIV*

즉, 영어 성경에 'favor'로 표현된 부분을 우리말 성경은 '은혜'로 번역한 것이다. 이런 번역은 다른 곳에서도 반복된다. 아브라함이 집에 찾아온 주의 천사들에게 한 말을 살펴보자.

이르되 내 주여 내가 주께 은혜를 입었사오면 원하건대
종을 떠나 지나가지 마시옵고(창세기 18:3)
If I have found favor in Your eyes, my Lord, do not pass
Your servant by. … NIV

그런데 〈표준새번역〉에는 조금 더 원문에 가깝게 번역되었다.

손님들께서 저를 좋게 보시면, 이 종의 곁을 그냥 지나
가지 마시고(창세기 18:3)

그런데 여기에 나오는 'favor'도 'do me a favor'에서와 마

찬가지로 들어줄 수도 있고 안 들어줄 수도 있다. 이것은 율법이나 십계명을 전제로 해서 이루어지는 심판이나 축복과는 다른 것이다. 하나님의 약속에 관한 것이라면 당연히 들어주셔야 되지만 이 '페이버favor'가 있을 때 오는 축복은 전적으로 하나님의 마음에 달렸다.

그렇다면 어떤 사람이 하나님이 보시기에 '페이버'가 있는 사람일까.

첫 번째로, 하나님의 눈에 좋게 보이는 사람이다. 성경에서 이 '페이버'가 나올 때는 어김없이 '하나님이 보시기에in Your eyes'라는 표현이 함께 등장한다. 여기에서 등장하는 '하나님 눈에 보기 좋은'이란 말에는 무척 깊은 의미가 담겨 있다. 창세기부터 이 말이 등장하는데 하나님이 세상과 인간을 창조하시고 여섯 번이나 반복한 말이 바로 '보시기에 좋았더라'이다. 이 말은 천지창조 첫날부터 등장한다.

빛이 하나님이 보시기에 좋았더라.
하나님이 빛과 어둠을 나누사
빛이 하나님이 보시기에 좋았더라.(창세기 1:4)

‘보시기에 좋았더라’로 시작된 하나님의 천지창조는 시간이 갈수록 더욱 하나님의 마음을 흡족하게 만들었다. 그래서 여섯째 날에는 이렇게 말씀하셨다.

하나님이 지으신 그 모든 것을 보시니
보시기에 심히 좋았더라.
저녁이 되고 아침이 되니 이는 여섯째 날이니라.
(창세기 1:31)

그렇게 하나님은 세상 가운데 선한 질서를 만드시고 ‘보시기에 좋았다’고 말씀하셨다. 이것이 바로 하나님의 마음이다. 하나님의 피조물이자 친구이며 자녀인 사람에 대해서도 ‘보시기에 좋은’ 것을 찾으신다. 그래서 아브라함은 이렇게 기도했다.

If I have found favor in Your eyes, my Lord, do not pass Your servant by. (창세기 18:3)... *NIV*

그 ‘보시기에 좋은’ 것이란 바로 ‘천지창조’와 같은 하나님 나라의 질서가 있는 것, 즉 하나님의 마음으로 이웃을 내 몸과 같이 사랑하고 희생하며 천지창조와 같은 하나님 나라의 선한 질서를 지켜가는 것을 말하고, 이런 일을 하는 사람이 하나님이 '보시기에 좋은' 즉, '페이버'가 있는 사람이다.

기독교에서 페이버와 자주 혼용해서 쓰이는 말 중에 '은혜'와 '자비'라는 말이 있다. 은혜grace는 우리가 받을 수 없는 것을 받는 것이다. 즉 우리가 받을 수 없는 구원을 얻는 것을 은혜라고 한다.

반면 자비mercy는 우리가 마땅히 받아야 될 것을 받지 않는 것이다. 즉 예수님이 우리 대신 십자가를 지심으로 인해서 우리가 마땅히 받아야 할 벌을 받지 않는 것을 말한다. 번역상의 문제로 한국인들에게 유독 낯선 개념인 페이버favor는 우리가 거저 받는 은혜라는 점에서는 은혜나 자비와 비슷하면서도 또 다른데, '하나님이 보시기에 좋을 때'에만 우리에게 오는 특별한 선물이라는 점이 다르다.

하나님을 믿는 것으로부터 오는 '구원'은 은혜다. 믿음으로 구원을 받는 것이 은혜다. 그러나 그들 모두가 '페이버'를 받을 만하지는 않다는 뜻이다.

〈정〉이라는 노래에도 나오듯이 우리 삶 속에 무지개가 뜨려면 '페이버'가 있어야 한다. 이 '페이버'라는 단어 안에 축복과 승리의 비결, 성공과 행복의 비결, 인생을 올바르게 나아가게 하는 비결이 숨어 있다. 1초, 2초, 3초 안에 우리가 해야 할 선한 결단을 할 수 있도록 용기를 주는 비결이 있다.

그러므로 우리가 뭔가 선한 결정을 하기 전까지는 '페이버'의 축복은 우리의 것이 아니다. 그러나 '페이버'의 축복을 주시는 분이라는 것을 알면 우리는 결정할 수 있다. 특히 어려움에 처한 이웃을 향해 우리가 어떻게 살아가야 할지에 대한 자세를 근본적으로 바꿀 수 있도록 도와준다.

이웃을 돕기 위해서는 철저한 자기 희생이 있어야만 한다. 내가 심장을 얼굴도 모르는 여인에게 내준 것처럼, 내 친구 부부가 그들의 돈을 거저 준 것처럼, 이웃을 위해 자기의 것을 희생하는 것이다. 바로 그때 하나님의 '페이버'가 다가온다.

놀라운 것은 이 '페이버'의 축복을 모르는 사람에게도 이 '페이버'의 축복이 온다는 것이다. 희생하며 어려운 이웃들과 하나가 되어 살아가는 이들에게는 어김없이 '페이버'의 축복이 온다.

그 기적이 바로 나의 삶에서 일어난 것이다. 나는 하나님께서 하나님의 말씀을 따라 살기 위해 희생하는 자녀에게 '페이버'의 축복을 주시는 분이라는 사실을 몰랐다. 그저 이웃 사랑의 명령을 지키고자 했을 뿐이다. 비록 죽는 한이 있더라도 그것만이 '내 몸과 같이 내 이웃을 사랑하는' 길이라고 생각했기 때문이다.

그런데 하나님은 아무것도 모르는 나에게 기적을 베푸셨다. 친구 부부와 로저 크로지어 부사장, 그리고 템플 대학병원을 통해 내가 꿈조차 꾸어본 적이 없는 축복을 베풀어주셨다. 그리고 '이웃을 돕기 위해 존재하는 회사'를 힘차게 꾸려갈 수 있도록 도우셨다. 심지어 신앙이 없는 내 친구 부부에게도 놀라운 '페이버'의 축복을 베푸셨다. 이처럼 하나님은 '하나님이 보시기에 좋을 때' 페이버의 축복을 부으신다.

'페이버'의 축복과 관련된 또 하나의 중요한 키워드는 바로 이웃이다. 이전에 나의 가장 중요한 키워드는 '나'였다. 하나님이 나의 죄를 얼마나 용서해주는지에 대해서는 관심이 많았지만 이웃에 대해서는 관심이 적었다. 하나님이 나를 구원해주기만을 기도하고 간구했을 뿐 이웃의 구원에는 그만큼 간절하지 않았다. 그런데 하나님은 당신을 사랑하는 자들에게 이렇게 부탁favor하셨다.

네 마음을 다하고 성품을 다하고 뜻을 다하여 주 너의 하나님 여호와를 사랑하라. **또한 그와 같이 네 이웃을 내 몸과 같이 사랑하라.**

그러므로 결론은 간단하다. '페이버'의 축복을 바란다면, 지금까지 쌓아왔던 '자기 사랑'의 탑을 허물고, '이웃 사랑'의 탑을 쌓아야 한다. 자기 자식, 자기 가족, 자기 자신만을 위해서 희생하고 인내하던 삶의 방식에서 돌이켜 같은 희생과 인내와 노력으로 이웃을 사랑하는 삶으로 나아가야 한다.

그래서 나는 책에 사인을 할 때, 이렇게 쓴다.

'참희생은 승리의 지름길입니다.'

페이버,
바람을 타고 날아오르는
독수리처럼

'우리는 이웃을 돕기 위해 존재한다.'

우리 회사 사훈을 이렇게 정한 것은 우리의 비즈니스가 이웃을 사랑하기 위한 것이기 때문이다. 다른 사람들을 돕기 위해 내게는 샐러리맨이 벌 수 있는 이상의 돈이 필요했다.

1994년, 시작은 매우 초라했다. 나는 사장, 직원은 아내 하나였고, 사무실은 우리 집 차고였으며, 사무실 용품은 동생이 사서 보내준 컴퓨터 한 대가 전부였다. 그런데 연이어 기적이 일어났다. 창업 3개월 후 미국에서 두 번째로 큰 신용카드 회사가 우리의 첫 고객이 되었고, 4개월 후에는 템플 대학병원 주차 빌딩 설계라는 큰 프로젝트를 맡았다.

우리처럼 작은 회사가 이뤄낸 일이라고는 사장인 나조차 믿기지가 않았다. 이때부터 승승장구해서 팀하스는 5년간 필라델피아에서 가장 빠르게 성장한 회사가 되었고, 사람들이 가장 일하고 싶어 하는 회사 가운데 한 곳이 되었다.

지난 23년 동안 우리가 미국 동부 지역에 건립한 주차 건물은 1,000여 곳이 넘는다. 지금 팀하스는 미국에서 다섯 손가락 안에 꼽히는 주차 빌딩 설계 회사다. 이런 성공 덕분에 나는 2012년 오바마 대통령의 지명과 상원의 인준을 거쳐 종신직인 국립건축과학원 위원이 되었고, 2015년에는 한국에서 내 책이 출판되어 베스트셀러가 되었다(《P31》, 두란노서원).

이 모든 일이 내게는 기적이었다. 이 기적의 바람을 타고 팀하스는 단 몇 년 만에 업계가 주목하는 회사로 수직 성장했다. 마치 아래에서 위로 부는 바람을 탄 풍선처럼 말이다. 바로 이 점이 '페이버'라는 축복의 중요한 특징이다. 성경을 보면 이런 말씀이 나온다.

오직 여호와를 앙망하는 자는 새 힘을 얻으리니 독수리
가 날개 치며 올라감 같을 것이요. 달음박질하여도 곤비
하지 아니하겠고 걸어가도 피곤하지 아니하리로다.

(이사야 40:31)

그런데 여기서 중요한 것은 독수리가 아니다. 성경에서 강조
하고 있는 것은 '날개'다. 그리고 여기에 등장하는 '독수리가 날
개 치며'라는 부분을 영어 성경에서는 'soar on wings'라고 쓴
다. '위로 솟아오른다'는 뜻이다.

독수리의 날개는 2~3미터나 된다. 큰 독수리는 어린아이를
집어들 수 있을 만큼 힘이 세고 몸집도 크다. 시력은 사람보다
열 배 이상 좋다. 태양을 직시할 수 있는 유일한 창조물이기도
하다. 게다가 한 시간에 120킬로미터까지 날아갈 수 있다. 이런
비행이 가능한 것은 바로 독수리의 날개 때문이다.

새들처럼, 우리는 우리의 힘으로 높이 날아오르고 싶어 한다.
그래서 닭처럼 파닥거리며 날아보려고 애를 쓴다. 그러나 아무
리 노력해도 사람의 힘으로는 날아오를 수가 없다.

새들이 비상을 할 때는 날개를 펄럭거린다. 그런 비상을 영어

로는 'flap'이라고 한다. 보통 공중에서 수평으로 이동하며 나는 모습을 'flap'이라고 표현한다. 갈매기와 같은 대개의 새들은 수평으로 부는 바람을 타고 날아간다. 비행기도 수평으로 부는 바람을 타고 날아간다. 우리가 아는 바람은 수평으로 부는 바람이다.

그러나 삶의 기적은 수직으로 부는 바람과 같다. 성경에서도 사람을 쓰실 때, 세상의 모든 계급과 신분, 벽을 초월해서 사용하신다. 수직으로 부는 바람이다. 대개의 사람들은 수직으로 부는 이 바람의 존재를 잘 알지도 못할 뿐더러 탈 줄도 모른다.

그런데 지구상의 창조물 중에 이 수직으로 부는 바람을 탈 줄 아는 존재가 있다. 바로 독수리다. 그 능력으로 하늘의 제왕으로 군림한다. 그렇다면 독수리는 어떻게 수직으로 부는 바람을 타고 솟아오르는 것일까.

태양이 떠오르고, 땅의 온도가 높아지면 수평으로 바람이 불어 찬 기운이 몰려오고, 이때 뜨거운 지열은 위로 올라간다. 이것이 상승기류다. 그래서 상승기류는 낮에만 존재한다. 대낮에 하늘을 날아가던 비행기도 상승기류가 없는 곳을 지날 땐 고도가 뚝 떨어진다.

독수리는 바로 이 상승기류가 어디에 있는지를 알고 그곳에서 날개를 편다. 그것이 'soar on wings'의 비밀이다. 자기 힘으로 날아오르는 것이 아니라 상승기류가 있는 산봉우리, 혹은 계곡에 앉아 있다가 수직으로 바람이 불어오면 날개를 활짝 펼친다. 그것이 전부다. 그 상태로 하늘 높이, 다른 새들은 닿을 수 없는 높은 곳으로 비상한다.

그래서 성경에서는 하나님의 선택을 받은 사람들을 가리켜 '독수리가 날개 치며 올라감 같을 것'이라고 표현한다. 물론 이 구절 역시 한국식 표현이다. 이 표현의 원래 뜻은 하나님의 선택을 받은 사람들은, 즉 '하나님의 눈에 보시기에 좋은' 희생을 한 사람들은 자기 힘으로 날아오르지 않는다는 뜻이다. 그들은 인생의 수직 바람과 같은 하나님의 도우심, 즉 '페이버'의 바람을 타고 단번에 삶의 장애물을 뛰어넘는다. 걸어도 피곤치 않고 넘어져도 주저앉지 않는다.

하나님은 우리를 아무 조건 없이 사랑하시지만, 하나님께 선택 받은 사람들이 있다. 이웃을 내 몸과 같이 사랑하여 '페이버'를 받은 이들이다. 그들의 삶은 수직 바람을 타고 상승하는 독수리와 같다.

'이웃을 돕기 위해 존재한다'는 사훈을 걸고 출발한 우리 회사는 내 가족을, 내 동료를, 내 고객을, 내가 사는 지역의 어려운 이웃을 내 몸과 같이 섬기기 위해 다양한 활동을 전개하고 있다. 이웃 사랑은 우리 회사를 존재하게 하는 '가장 중요한 가치'다. 그리고 그 결과 나와 우리 직원들은 모든 사람들이 부러워하는 놀라운 하나님의 축복, 페이버가 넘치는 삶을 살고 있다.

당신도 '이웃'이라는 페이버의 씨앗을 마음속에 심기 바란다. 그리고 '이웃 사랑'의 방법을 싹 틔우기 바란다. 그리고 나의 이야기가 끝날 무렵, '이웃 사랑'의 나무를 키우기 위해 땀 흘리기 바란다. 그러면 내가 경험한 이 놀라운 '페이버favor'의 열매가 당신의 삶을 풍성하게 채울 것이다.

고객을 이웃처럼,
엑스트라 마일을 실천하다

이웃을 사랑하는 방법을 가장 많이 고민했던 것은 첫 번째 심장을 기다리며 병원 생활을 할 때였다. 성경 말씀을 통해 '진정한 이웃 사랑'이 곧 '하나님을 사랑하는 것'임을 알게 된 나는 자선단체에 기부를 하는 일 외에, 매일의 삶 속에서 어떻게 이웃을 사랑해야 하는지 고민이 많았다.

그즈음에 내가 선물 받은 책 중에《내가 정말 알아야 할 모든 것은 유치원에서 배웠다》라는 책이 있었다.

그 책을 읽으면서 나는 '어떻게 이웃 사랑을 실천할 것인가'

에 대한 답을 얻었다. 이 책의 처음에 나오는 내용 중의 하나가 바로 이것이다.

화장실을 이용한 뒤에 물을 내려라.
네 장난감은 네가 치워라.

부모들이 아이들에게 가르치는 기본 생활습관 중 하나다. 그런데 이 말은 단순히 화장실이나 놀이방의 뒷정리를 잘 하라는 뜻이 아니라 내가 어지른 일은 내가 치워야 한다는 뜻이다.

하지만 어른인 우리는 저질러놓은 일을 잘 치우지 않는다. 예를 들어 동료에게 기분 나쁜 말을 해서 그의 마음을 상하게 했다면 그에게 전화를 걸어서 사과를 해야 한다. 그것이 내가 어질러놓은 것을 내가 치우는 행동이다. 하지만 그렇게 하는 어른은 그리 많지 않다. 이런 이야기로 시작된 그 책의 핵심 내용은 다음과 같았다.

네가 저지른 일은 네가 처리하라.
물건을 쓰고 나면 제자리에 두어라.

사람을 때리지 마라.

사이좋게 놀아라.

욕심을 부리지 말고 양보하며 나누어 가져라.

이런 가르침은 어린아이도 기억할 수 있을 만큼 쉽고 간단하다. 그만큼 실천하기도 쉽다. 나는 이 부분에서 영감을 얻어 우리 회사의 업무수행 기본 규칙을 '엑스트라 마일' 정신으로 정하고 세부적인 실천 방법을 이렇게 정했다.

1. 전화가 오면 꼭 그날 전화를 해주어라.
2. 항상 미리 보고하라.
3. 지시를 받은 것보다 조금 더 해라.

간단한 세 가지만 지키면 회사 생활에 아무 문제가 없다. 아니 아무 문제가 없는 정도가 아니라 아주 쉽게 고객을 최상의 서비스로 섬길 수 있고, 능력 있는 파트너로 인정을 받게 된다.

나는 어떤 직원이 일을 하다가 실수를 한 게 드러나면, 이 세 가지 중에 어떤 것을 하지 않았는지 확인하게 한다. 대개의 경우

모든 실수가 이 세 가지 범주에서 벗어나지 않는다. 계약금이 적건 많건, 우리를 편하게 해주는 고객이건 귀찮게 하고 말만 많은 고객이건, 우리는 차별 없이 한결같은 기준을 가지고 최선을 다해서 '그들을 이롭게 하고 그들의 만족도를 높여주고 있는가'에만 집중한다.

비즈니스는 우리만 잘 한다고 되는 게 아니다. 우리가 아무리 잘 해도 결국은 고객이 우리를 찾아야만 비즈니스가 시작되는 것이다. 인생도 마찬가지다. 혼자 살아갈 수 있는 사람은 없다. 내가 이웃을 돕기 위한 회사를 운영하고 있지만 나 역시도 수많은 이웃의 도움을 받으며 살아가는 존재다. 우리가 필요로 하는 모든 물질과 시간이 이웃에게서 온다. 그럼에도 그 사실을 모른 채 우리는 물질을 좇아 열심히 달리지만, 삶 속에서 우리를 행복하게도 눈물 흘리게도 하는 것은 돈이 아니라 사람이다.

'위해'가 아닌
'함께'하는 이웃 사랑

사람을 돕는 것처럼 어려운 숙제가 또 있을까. 선의로 다가섰다가 상처를 받고 돌아서는 경우가 의외로 많다. 특히 회사의 사훈이 '이웃을 돕기 위해 존재하는 회사'이다 보니 많은 단체에서 도움을 요청해온다. 거절할 수 없어서 그냥 도와주다 보면 '이웃을 생각하는 마음'은 사라지고 의례적인 자선행위가 될 가능성이 높다. 그래서 회사를 운영하는 일만큼이나 이웃을 돕는 많은 방법에 대해서도 고민을 하는 편이다.

우리 회사는 회사 차원에서 수익의 20% 정도를 이웃돕기에

활용하고 있다. 그리고 나는 개인적으로도 수입의 많은 부분을 이웃을 돕기 위해 사용한다.

대개의 자선단체는 100만 원, 200만 원선의 일회성 도움을 요청하는 경우가 많다. 그럴 때는 언제든 지원하는데, 얼마나 고마워하는지 모른다. 직원들도 기회가 될 때마다 형편이 닿는 대로 많은 곳에 도움의 손길을 내민다.

그런데 내가 직원들에게 권하는 방법은 단체에 들어가라는 것이다. 단순히 돈만 주고 끝내는 것이 아니라 그 자선단체의 일원이 되어서 단체를 성장시키도록 돕기 위함이다.

사실 자선단체는 재정만 부족한 것이 아니다. 다양한 아이디어로 프로그램을 개발하고 그것을 통해 사회와 어려운 이웃을 연결하는 징검다리 역할을 해야 하는데, 그런 일을 할 만한 인재도 절대 부족한 현실이다. 내가 '만나 온 메인 스트리트Manna on Main Street'를 위해 음악회를 열 때 이사로 활동한 것도 그 때문이었다. 당시 나는 돈이 없어서 시간이라도 나누려고 갔다가 일할 사람도 없다는 것을 알게 되었다.

그래서 직원들은 거의 대부분 다양한 자선단체에 가입해서 활동하고 있다. 그 과정에서 직원들은 피상적으로만 알던 사회의 소외된 이웃들에게 더욱 관심을 갖게 되고, 다양한 방법으로 그들을 돕기 위해 고민하고 때로는 나에게 의논을 해오기도 한다. 우리는 함께 모금활동을 위한 아이디어도 구상한다. 그렇게 자연스럽게 이웃 사랑을 실천하는 삶으로 이끌어낸다.

나는 직원들에게 가능하면 자신이 가입하여 활동하고 있는 자선단체의 이사가 되라고 권한다. 대개 자선단체의 직원은 월급을 받지만 이사는 월급을 받지 않는 자원봉사자다. 자선단체에 경제적인 부담은 주지 않으면서 단체가 보다 나은 방향으로 나아갈 수 있도록 돕고, 무엇보다 '재정관리'에 관여하게 된다. 자신이 기부를 하기도 하지만 자신의 네트워크를 통해서 기부금을 단체로 끌어오는 역할을 하는 것이다.

직원들이 자선단체에서 이사로 활동하면, 회사 차원에서도 정기적으로 지원을 한다. 모금 행사가 있거나 특별한 긴급 이슈가 있을 때 직원이 이사로 있는 단체에 회사 차원에서도 도움을 주는 것이다. 회사 직원들이 동료가 활동하는 자선단체의 활동에 함께 가서 돕기도 한다.

이웃을 '위해' 기부를 하는 삶도 아름답지만, 나는 이렇게 이웃과 '함께' 삶까지도 나누는 삶을 더 고귀하게 생각한다. 나는 이런 고귀한 삶을 살아가는 직원들의 모습을 보는 것이 좋다. 실력으로 따진다면, 연봉도 더 높고 규모도 훨씬 더 큰 회사에 너끈히 가고도 남을 이들이다. 그럼에도 그들은 자신의 시간과 돈을 기꺼이 희생해서 동료를, 고객을 그리고 회사 밖에 있는 지역의 어려운 이웃까지도 최선을 다해 섬기며 살아가고 있다.

이런 우리 회사를 가리켜 어떤 사람들은 '거꾸로 가는 회사'라고 말한다. 우리 회사의 사훈과 경영 방침을 '빌려다 써도' 되겠느냐고 묻는 회사들도 있다. 나는 기꺼이 그렇게 하라고 말하고 우리 회사의 모든 경험을 그들에게 나누어주었다. 시카고에 있는 한 미국인 엔지니어링 회사와 로스앤젤레스에 있는 한 한인 IT 회사는 이미 우리 회사와 똑같은 경영 방침으로 회사를 변화시켜가고 있다.

우리는 거꾸로 가고 있다. 세상은 돈을 벌기 위해 달리는데, 우리는 우리가 번 돈을 필요로 하는 이웃들을 향해 가고 있다. 그런데 우리가 더 빨리 가고 있다. 더 빨리 성장하고 있다. 나는 세상 사람들이 이런 우리를 '이상한 눈'으로 바라볼 때 기분이 좋다. 그들의 그 호기심에 찬 눈이 언젠가 그들을 '이웃 사랑'의 삶으로 이끌어올 것을 믿기 때문이다.

호텔이 아닌
주차 빌딩을 짓는 이유

뉴욕에 있는 한 유명한 건축설계 회사는 50~100층짜리 고층빌딩을 전문으로 하는 회사다. 건축가라면 누구나 그곳에서 일하고 싶어 한다. 건축학을 전공한 작은 딸 줄리아나가 그 회사에서 1년간 인턴십을 했다. 1년이 지난 후 줄리아나는 "그런 회사에서는 일하고 싶지 않다"고 말했다.

그들의 관심은 오로지 더 높은 빌딩을 짓는 것에 있다고 했다. 클라이언트들은 돈은 얼마가 들어도 상관없으니 저 빌딩보다 더 높고 더 멋지게 만들어달라는 소리만 하고, 그곳에서는 경쟁과 체면, 화려한 외관을 가장 중요하게 생각한다는 것이다.

물론 건물의 외관은 중요하다. 주차 빌딩 역시 대개는 무척 큰 건물이고, 자연히 사람들의 눈에 많이 띌 수밖에 없다. 그러니 한 번 보고 지나가는 건물이 아니라 자꾸만 눈길이 가고, 보면 기분이 좋아지는 건물이어야 한다.

그런데 과거 주차 빌딩은 정반대의 건물이었다. 미국인에게 차는 없어서는 안 될 삶의 필수품이다. 집은 없어도 차는 꼭 있어야 한다. 그래서 차에는 엄청나게 돈을 들인다. 그런데 그 차에 걸맞은 주차장은 그 어디에도 없었다. 주차장은 차를 대야 하기 때문에 할 수 없이 들어왔다가 가능하면 빨리 빠져나가고 싶은 그런 공간일 뿐이었다.

그런 주차 공간에 대한 인식을 바꾸는 것은 쉽지 않았다. 그래서 주차 공간도 집처럼, 내 차처럼 쾌적하고 안심할 만한 공간으로 바뀌어야 한다는 인식을 심어주는 일부터 시작했다. 때문에 주차 빌딩 설계는 쉽지 않다.

가장 먼저 사람을 생각해야 한다. 안전성과 편리성은 물론 미적 요소도 세심하게 고려해야 한다. 어떻게 하면 주차장 로비를 아름답게 꾸밀지, 어떻게 하면 좀 더 밝게 만들지, 벽은 그냥 콘

크리트로 할지 아니면 예술적인 그림으로 페인팅을 할지, 건물 외관은 유리로 할지 아니면 스틸 느낌으로 할지 등 모든 부분에서 한 번 더 생각해야 한다.

이렇게 사람 위주로 생각하고 설계를 하면 주차장뿐 아니라 그 건물 자체가 달라진다.

공항을 예로 들면, 공항 청사보다 주차 공간이 훨씬 더 커야 한다. 그 넓은 공간을 어떻게 디자인하느냐에 따라 공항 전체의 분위기가 달라진다. 공간을 차지하는 비중이 크기 때문이기도 하지만, 어디를 가든 가장 먼저 들어가는 곳이 주차장이기 때문이다. 그래서 주차 시설의 디자인은 갈수록 더 중요해지고 있다.

그런데 대개의 젊은 건축가들은 여전히 멋진 고층 빌딩을 설계하고 싶어 한다. 우리 회사에 지원한 사람들도 처음에는 고층 빌딩을 짓는 설계 회사에는 일자리가 없어서 우리 회사에 들어왔을 뿐 주차 빌딩을 설계하고 싶어서 온 것이 아닌 경우가 대부분이었다.

그런데 막상 시작하면 무척 재미있어 한다. 사실 해보면 알지만, 고층빌딩 설계만큼 재미없고 지루한 일도 없다. 반면, 사람 중심으로 공간을 설계하는 일은 재미있다. 딸 줄리아나가 고층 빌딩 설계회사에서 간신히 1년을 버틴 후에 그만두고 두 번째로 들어간 곳은 병원만 전문으로 하는 건축설계회사였다. 그곳에서 두 달을 일하고 났을 때 딸이 말했다.

"아빠, 여기는 인간미가 있어요, 모든 것이 환자 중심이에요. 어떻게 해야 건물 안에서 환자들이 쉽게 이동할까, 어떻게 해야 환자들이 편안함을 느낄까만 생각해요. 그다음으로 중요한 사람이 간호사니까 간호사들 입장에서도 많이 생각하고요. 진료비 계산할 공간은 어떻게 만들어야 환자도 직원도 편할지, 병원에 손님이 오면 대화할 장소가 어디가 제일 좋을지, 이런 얘기들을 하고 설계를 하니까 진짜 재미있어요."

딸은 대학을 졸업하고 건축회사에서 일하게 된다면 이런 곳에서 일하고 싶다고 말했다.

사람을 생각하며 설계한 주차 빌딩은 주변 상권을 활성화시켜서 지역을 살린다. 요즘은 많이 달라졌지만, 내가 처음 주차 빌딩을 설계했던 20여 년 전부터 최근 몇 년까지, 미국의 주요 시내는 저녁 6시가 넘으면 고스트 타운이 되어버린다. 대부분

직장인들이 일찍 퇴근하고 시외에서 살기 때문에 시내는 텅 비고 시내에는 가난한 사람들만 남는다. 해가 지면 아무도 그곳에 가려 하지 않아 더욱 음침하게 변한다. 이렇게 40년, 50년이 지나다 보니 그런 곳은 살인 등 강력 사건이 많이 발생하는 우범 지대가 되었다.

인적이 뜸한 음침한 지역에 변화를 주려면 사람들이 오게 해야 한다. 그러려면 대규모 주차 빌딩이 있어야 한다. 건물마다 주차장이 있는 대신 적당한 위치에 대규모 주차 시설이 있다면, 사람들은 그곳에 차를 대고 걸어서 이동할 것이다.

사람들이 많이 걸어 다니면 다닐수록 동네가 살아난다. 사람들이 끊임없이 오가고, 부모들이 어린 자녀를 데리고 다니고, 같이 손잡고 걸어 다니기 시작하면 동네는 자연히 살아난다.

이런 공간을 만들기 위해 우리는 단순히 주차 기능만 하는 건물에서 더 나아가 종합적인 기능을 가진 건물이 되도록 설계하고 디자인을 한다. 주차 빌딩에 상가와 카페, 그리고 주거 공간과 오피스까지 넣어서 많은 사람들이 오가도록 유도하는 것이다.

사람들이 많이 모여야 비로소 건물이다. 아무리 운동장을 크게 지어놓아도 운동하는 사람이 없다면 그곳을 운동장이라고 할 수 있을까. 아무리 건물을 멋지게 지어놓아도 사람이 없는 건물은 결국 흉물로 남는다.

우리 회사는 안전하고 편리하고 아름다운 주차 빌딩을 짓기 위해 노력한다. 그리고 우리가 설계한 주차 빌딩으로 인해 지역이 살아나는 모습을 볼 때 가장 큰 보람을 느낀다. 우리는 이웃을 돕기 위해 기부를 하고, 자선단체를 돕는 것만이 아니라 우리의 사업인 주차 빌딩을 통해서도 이웃 사랑을 실천하고 있다.

돈보다 사람이 크다. 돈이 아니라 사람이라는 큰 목적을 지닐 때, 비즈니스도 성장한다. 그래서 나는 진정한 비즈니스의 성공은 참된 이웃 사랑에서 시작된다고 확신한다.

당신의 삶이
나의 비즈니스

한 아메리카 원주민과 그의 친구가 맨해튼의 타임스퀘어 근처를 걷고 있었다. 점심시간이라 거리는 사람들로 붐볐고, 도시의 소음 때문에 매우 시끄러웠다. 그때 갑자기 원주민이 말했다.

"귀뚜라미 소리가 들려."

"뭐라고? 이렇게 시끄러운데 귀뚜라미 소리가 들릴 리 있어?"

"아니, 확실히 귀뚜라미 소리였어."

친구는 말도 안 된다고 했지만, 잠시 후 원주민은 근처 덤불

속에서 귀뚜라미를 찾아냈다. 친구가 매우 놀라며 그건 초능력이 아니냐고 물었다. 그러자 그가 대답했다.

"아니, 내 귀는 너랑 다르지 않아. 이건 그냥 어떤 것에 귀를 기울이느냐의 문제야. 사람들은 자기가 중요하다고 생각하는 소리에 귀를 기울이지. 한 가지 보여줄게."

그는 주머니에서 동전 몇 개를 꺼내더니 길 위에 던졌다. 요란스러운 소리를 내면서 동전이 떨어지자 거리의 소음에도 불구하고 주변에 있던 사람들이 소리가 나는 쪽을 돌아보며 자기 돈이 떨어진 것이 아닌지 주머니에 손을 넣어 확인을 했다.

우리는 우리에게 중요한 것, 관심 있는 것에 귀를 기울인다. 아빠는 잠을 자느라 옆방에서 우는 아기의 울음소리를 듣지 못해도, 엄마는 언제나 듣는다. 여자가 남자보다 청력이 더 좋아서가 아니라 엄마에게는 아이를 돌보는 일이 가장 중요하기 때문이다. 엄마는 아기의 안위에 관심이 많기 때문이다.

우리의 귀는 어느 소리에 민감한가.

우리 주변에 살고 있는 많은 사람들이 다양한 이유 때문에 울고 있다. 우리가 그 소리를 듣지 못하는 것은 관심이 없기 때문이다. 우리에게 중요하지 않기 때문이다.

　사람들은 내게 '성공의 비결'이 무엇이냐고 자주 묻는다. 그러면 나는 되묻는다.

　"혹시 당신은 다른 사람들의 삶에 관심이 있습니까?"

　이 말에 내 대답이 들어 있다. 사실 대부분의 회사는 아래와 같은 생각으로 회사를 운영한다.

　"당신의 비즈니스가 우리의 삶입니다."

　이 생각의 중심은 비즈니스다. 그것은 곧 돈이며 나의 성공에 관심이 있다는 뜻이다. 그런데 나는 이 '비즈니스'란 단어와 '삶'이란 단어의 위치를 바꾸어 이렇게 대답을 하기도 한다.

　"당신의 삶이 우리의 비즈니스입니다."

　이 말의 중심은 이웃과 고객의 삶에 있다. 나의 성공과 이익보다 고객의 삶과 행복을 먼저 그리고 더 중요하게 생각하겠다는 뜻을 담고 있다.

또한 '당신과 비즈니스 계약을 맺었지만, 나는 당신의 삶에 더 관심이 많다'는 뜻이기도 하다. 이 말대로 살다 보면 이웃에 대한 우리의 관심과 마음이 작동하게 되고, 결과적으로는 '페이버'의 축복을 받게 된다. 그는 무슨 일을 하든지 성공하게 된다.

나는 고객의 삶에 관심을 기울이고 더 나은 삶으로 나아가도록 돌보는 것이 우리가 하는 비즈니스의 목표라고 생각한다. 그것이 곧 마음과 목숨과 뜻을 다하여 하나님을 사랑하고, 내 몸과 같이 이웃을 사랑하는 길이라고 생각하기 때문이다.

이런 일이 있었다. 경기가 한창 어려울 때였는데, 한 고객이 우리 회사보다 실력이나 경험에서 많이 부족한 회사와 우리를 경합시켜 단가를 낮추려고 했다. 썩 내키지는 않았지만, 경기가 좋지 않아 일거리가 필요했기에 설계 비용을 낮춰 입찰했다.

그런데 고객한테 전화가 왔다. 그 회사가 여전히 우리보다 더 낮은 설계비를 제시하고 있으니 더 낮춰달라는 거였다. 입찰 후 이런 식으로 가격을 협상하는 것은 사실 해서는 안 되는 일이었다.

어처구니가 없었지만, 가만히 고객의 입장을 생각해보았다. 우리가 제시한 금액이 너무 비싸면 가격을 낮게 제시한 다른 회사에 일을 맡기면 그만이었다. 그런데도 계속해서 우리에게 낮춰달라고 하는 것을 보니, 우리에게 일을 맡기고 싶어 하는 것은 분명했다. 그래서 하는 수 없이 가격을 더 낮춰주었다. 그랬더니 만족한 듯 설계를 맡기겠다고 승낙했다. 여러 가지 면에서 개운치는 않았지만 그래도 일을 맡게 되었으니 잘 되었다 싶었다.

그런데 그 고객과 통화를 한 뒤 얼마 안 돼서 이번에는 우리와 입찰 경쟁을 했던 회사 사장에게 전화가 걸려왔다. 부탁할 게 있으니 만나자는 것이었다. 알고 보니 내가 이전부터 잘 알고 있던 회사였다.

그 회사는 원래 건축에서 구조 쪽 일을 하던 회사였다. 그런데 내가 주차 빌딩을 한창 할 무렵 주차 빌딩 설계 쪽으로 뛰어든 후발주자였다. 물론 경험적으로 보나 그동안 담당했던 프로젝트의 규모로 보나, 우리 회사는 그 회사가 경쟁상대로 삼을 만큼 만만한 회사가 아니었다. 그래서 그다지 신경을 쓰지 않았었다.

그런데 그 회사가 어떻게 해서든 우리와의 경쟁에서 이기고 프로젝트를 가져가겠다는 욕심 때문에, 프로젝트 단가만 형편

없이 깎아내리는 결과를 만들고 만 것이었다. 그 피해는 고스란히 우리가 감당해야 했고, 나는 그 회사 때문에 기분이 정말 좋지 않은 상황이었다. 그런데 그가 무슨 염치로 전화를 해서 부탁을 한다는 것인지, 나는 납득할 수가 없었지만 우리가 일을 맡은 입장이고 보니 너무 야박하게 거절하는 것이 마음에 걸려 잠시 시간을 내어 만나보았다. 처음엔 그냥 얼굴이나 보고 돌아올 생각이었다. 그런데 대화는 예상 외로 흘러갔다. 그는 나를 보더니 머뭇거리다가 입을 열었다.

"사실, 이런 얘기까지는 하고 싶지 않았습니다만."
"말씀해보시죠."

그를 보자 나는 무슨 이야기를 하려고 그러는지 궁금해졌다.

"우리에게는 그 일이 꼭 필요했습니다. 불경기를 견디지 못해 얼마 전 직원의 절반 이상을 해고했습니다. 이 일까지 놓치면 우리 회사는 문을 닫아야 합니다. 그러니 우리를 좀 도와주십시오."

순간 나는 내 귀를 의심했다. 우리는 경쟁사였다. 생존을 위해 치열하게 싸우는 적이나 다름없었다. 그런데 그는 적에게 도움을 청했다. 그것도 경쟁을 하느라 적잖은 손해를 입힌 적에게 '어떤 수모를 당할지도 모르면서' 도움을 청하고 있었다.

"도와달라니, 어떻게 도와달라는 겁니까?"
"그 일의 일부를 우리에게 좀 나눠줄 수는 없을까요?"

그에게서 상상도 못 했던 그 한마디가 튀어나왔다. 사실 이 말은 그가 할 수 있는 말이 아니었다. 터무니없는 입찰가 경쟁으로 인해 너무나 낮은 금액으로 입찰을 했고, 결국 우리 회사가 이 프로젝트를 맡게 되기는 했지만, 거의 수익을 남길 수 없는 상황이었다. 그렇게 해놓고 일을 나눠달라고 하다니! 얼마나 다급했기에 이런 말을 하는 것일까. 나는 생각해보겠다고 말하고 회사로 돌아왔다.

당연히 거절해야 했다. 그런데 나는 그러지 못했다. 자존심을 다 버리고 나에게 부탁을 하는 그를 보면서 뭔가 마음에 걸렸다.

'당신의 삶이 우리의 비즈니스입니다.'

나를 붙든 것은 우리 회사의 이 경영철학이었다. 이 철학은 고객에게 적용되던 것이었다. 고객을 이웃처럼 생각하고 내 몸과 같이 최선을 다해 섬기는 것이 우리의 원칙이었다. 그런데 그때까지 한 번도 해보지 못한 생각이 들었다.

'고객만이 우리의 이웃인가. 경쟁사는? 그 사장과 그의 가족, 그리고 그 회사의 직원들과 그 가족들은?'

나는 그 질문에 '아니다'라고 대답할 수 없었다. 더구나 지금 나의 도움이 필요한 사람들이다. 나는 심장 이식 수술을 기다리며 읽었던 성경 말씀을 떠올렸다.

네 원수가 배고파하거든 먹을 것을 주고, 목말라하거든 마실 물을 주어라. 이렇게 하는 것은, 그의 낯을 뜨겁게 하는 것이며, 주께서 너에게 상으로 갚아주실 것이다.(잠언 25:21~22)

나는 하나님의 약속을 믿기로 했다. 그래서 우리가 맡은 프로젝트 중에 그 회사의 전공 분야인 구조 쪽 일을 그에게 맡겼다. 비록 이렇게 해서 살아남은 그의 회사가 훗날 우리의 경쟁자가 될지라도, 지금은 어려움에 처한 그 회사를 돕는 것이 우선이라고 생각했다.

그렇게 함께 프로젝트를 잘 끝냈고, 그 회사는 기적처럼 살아남았다. 그리고 마치 우리의 은혜를 잊지 않겠다는 듯, 지난 20여 년 동안 우리와는 경쟁하지 않으며 자신의 전문 분야에서만 사업을 계속해왔다.

이 일을 통해 나와 우리 직원들은 깨달은 바가 있었다. 비록 우리의 경쟁사, 적이라 할지라도 그들 또한 우리의 이웃이다. 우리는 그 '적'의 어려움에도 귀를 기울여야 한다. 만일 우리가 그때 그 회사의 어려움에 귀 기울이지 않고 그냥 파산하게 내버려 두었다면, 지금 우리는 그보다 더 크고 낯선 경쟁사를 상대하게 되었을지도 모를 일이다.

비즈니스를 할 때 나는 가능하면 손해 보는 길, 희생이 따르는 길을 선택한다. 그 순간은 분명히 손해다. 하지만 하나님은 나중에 반드시 더 좋은 것으로 돌려주신다. 물론 당장 돌려주지 않으실 때도 많다. 하지만 내가 1,000만 원, 5,000만 원을 손해 보면 반드시 다른 곳에서 1억 원, 5억 원이 들어왔다.

그런 체험이 반복되면서 나와 우리 직원들은 어려운 이웃을 위해 손해 보는 것이 결코 손해가 아님을 알게 되었다. 아니, 워런 버핏이 말한 것처럼 누군가를 위해서 내가 희생을 한 대가는 오히려 우리의 성장과 행복으로 되돌아왔다.

열정은 성공의 열쇠이지만
나눔과 희생은 성공의 완성이다.
-워런 버핏

사랑해야 할 이웃은
가장 가까운 곳에 있다

사람들이 내게 많이 묻는 말이 또 하나 있다. 바로 비즈니스를 하면서 어떻게 하나님을 섬기느냐는 것이다. 그럴 때 나는 대답한다.

"나는 두 주인을 섬기지 않습니다."

내가 비즈니스를 통해 돈을 번다고 해서 돈을 섬기는 것은 아니다. 그렇다고 돈이 전혀 중요하지 않다는 뜻은 아니다. 돈은 매우 중요한 도구임에 틀림없다. 프로젝트를 진행시켜야 하고 직원들의 월급도 주어야 한다.

나는 기업의 대표이지만 동시에 교회의 목사이기도 하다. 교회 사역에도 많은 돈이 필요하다. 다달이 월세도 들어가고 공과금도 내야 하고, 교육도 하며 무엇보다 어려운 이웃을 도우려면 돈이 필요하다.

그런데 내 입장에서 보면 사업과 교회의 목적은 다르지 않다. 성공을 하기 위해, 돈을 벌기 위해 하는 사업이 아니기 때문에 나는 비즈니스보다 비즈니스를 통해 만나는 고객들의 삶에 관심이 더 많다. 그들이 아프면 같이 아파하고 슬퍼하면 같이 슬퍼하고 위로하려고 노력한다. 나의 이익만 챙기지 않고 고객의 어려움을 도와주는 마음으로 비즈니스를 하기 위해 최선을 다한다.

이런 나에게 가장 가까운 이웃은 직원이다. 직원들 말을 들어보면 다른 회사는 일하는 사람들의 삶에 대해 별 관심이 없다고 한다. 그래서 일하는 로봇처럼, 혹은 쓰다 버려지는 부품처럼 느껴진다는 것이다.

'우리는 이웃을 위해 존재한다'에 등장하는 이웃에는 당연히 직원들도 포함된다. 나와 내 가족의 삶에 늘 관심을 가지고 고민하는 것처럼, 직원들이 어떻게 삶을 꾸려나갈 것인가에 대해 더 고민을 한다. 직원들이 가져다줄 회사의 이익과 성장보다 그들의 행복과 성장 그리고 그들의 미래에 더욱 관심을 많이 갖고 있다. 물론 나뿐만 아니라 직원들끼리도 서로를 도우며 함께 성장해나간다.

10년 전, 한 직원을 해고해야 할 상황에 놓였다. 문제의 그 직원은 마이애미 지사 책임자로, 신념도 있고 능력도 있는 좋은 사람인데 성격이 좀 급했다. 어느 날 그는 클라이언트의 이메일을 받고 너무 화가 나서 나쁜 말을 잔뜩 써서 답장을 보냈다. 그런데 실수로 그만 전체 직원에게 보내버리고 말았다.

밤 11시에 나도 그 이메일을 읽고 얼마나 당황스러웠는지 모른다. 이메일을 보자마자 회사 전산 담당 직원에게 연락해서 회사 내부 인터넷을 통해 전 직원에게 배포된 그의 메일을 삭제하라고 지시했다. 하지만 직원의 절반이 이미 그의 메일을 열어본 뒤였다. 뒤늦게 그 사실을 안 그 직원은 잘못했다며 후회했지만 소용없었다. 이미 엎질러진 물이었다.

다음 날 아침, 출근해보니 간밤에 있었던 이메일 사건으로 회사 내 분위기는 뒤숭숭했다. 몇몇 관리자들은 그를 그대로 두면 다른 직원들에게 좋지 않은 영향을 미치니 해고해야 한다고 강력하게 주장했다.

아무리 클라이언트가 잘못했다 해도, 욕설을 하는 건 일반 회사에서도 용납될 수 없는 행동이었다. 더구나 '당신의 삶이 우리의 비즈니스'라는 회사의 경영철학을 생각하면 그의 행동을 그대로 넘길 수는 없었다. 더구나 직원의 절반이 그 이메일을 읽었다. 그를 해고하지 않는다면, 그런 행동을 해도 괜찮다는 메시지를 주는 것이나 다름없었다.

하지만 그를 해고하면 그의 가정은 생계를 위협받게 될 것이다. 그리고 나의 경험상 '실수'를 지적해서 그것을 '고의적 잘못'과 동일하게 취급하는 것은 개선의 여지가 없다. 상처를 받을 뿐 아니라 성장하지도 못한다. 결국 같은 실수를 반복하다가 사회에서 도태된다.

나는 어떻게 해야 할지 몰랐다. 기도를 하면서 하나님께 지혜를 구했다. 기도가 끝난 뒤, 나는 먼저 그에게 이메일을 보내서 당신을 만나러 가겠다고 연락하고 며칠 후에 마이애미로 날아갔다.

저녁 때 구내식당에서 그를 만났다. 겁을 잔뜩 먹고 긴장한 표정으로 내게 다가오는 그에게 보통 때와 다름없이 손을 내밀어 악수를 했다. 내 손을 마주 잡는 그의 눈빛엔 당황한 빛이 역력했다. 나는 계속해서 평상시와 똑같이 가족의 안부를 물었다. 회사에 큰 실수를 한 직원에게 대표가 이런 태도로 나오면 '해고 통보'를 하는 것이 상례다. 웃으면서 냉정하게 잘못의 결과를 묻는 것이 미국 회사의 생리다. 그래서일까. 마주 앉아 밥을 먹는 내내 그는 불안감을 감추지 못했다.

이윽고 식사가 끝나고 나자 나는 가지고 간 성경을 펼쳤다. 그리고 그중에 한 구절을 짚으며 그에게 읽도록 했다. 그는 차분한 목소리로 읽어 내려가기 시작했다.

시험을 참는 자는 복이 있나니 이는 시련을 견디어낸 자가 주께서 자기를 사랑하는 자들에게 약속하신 생명의 면류관을 얻을 것이기 때문이라.(야고보서 1:12)

그는 이 말씀을 제대로 읽어 내려가지 못했다. 그는 첫 구절부터 더듬더듬 말씀을 읽더니 급기야 목소리는 울먹임으로 변했다. 그리고 그의 뺨에는 뜨거운 눈물이 흘러내렸다. 말씀을 다 읽은 뒤 100킬로그램이 훨씬 넘는 거대한 덩치를 한 그가 어깨를 들먹이며 흐느꼈다. 그 눈물을 보고 나는 그가 충분히 자신의 잘못을 뉘우치고 있다는 것을 확인했다. 울고 있는 그에게 몇 마디 위로의 말을 전하는 것으로 나의 역할은 끝났다고 생각했다.

나는 그에게 이제 집으로 돌아가야 하니 공항으로 데려다달라고 부탁했다. 그 말에 그는 깜짝 놀라서 나를 바라보았다.

"돌아가신다고요? 비행기를 타고 여기까지 오신 건, 다른 비즈니스 미팅이 있어서 오신 게 아니었습니까?"

"아니. 내가 여기 온 건, 당신한테 이 말씀을 전해주려고 온 거예요. 나한테는 다른 어떤 비즈니스보다 실수를 하고 힘들어하고 있을 당신을 위로하는 것이 더 중요하니까."

그렇게 말을 하자 그는 놀라서 입을 다물지 못했다. 회사의 대표가 실수를 한 자신을 위해서 바쁜 일정을 제치고 2시간 반이나 비행기를 타고 달려와주었다는 사실이 믿어지지 않았던 것이다.

하지만 그것은 사실이었다. 기도하는 내게 하나님이 주신 지혜였다. 돌이킬 수 없는 큰 실수의 늪에 빠져 허우적거리는 나의 이웃이자 나의 직원인 그를 건져내고, 그를 불신의 눈빛으로 보고 있는 회사 동료들로부터 다시 신뢰를 회복하게 해줄 수 있는 최선의 방법이라고 생각했다.

공항까지 바래다준 그에게 나는 다시 손을 내밀어 악수를 했다. 그때 내 손을 잡은 그 직원은 불과 두어 시간 전, 회사 구내식당에서 나에게 다가오던 그 겁먹은 사나이가 아니었다.

그날 이후, 그는 이전의 자신감을 완전히 회복했을 뿐만 아니라 사람이 완전히 달라졌다. 급한 성격도 고치려고 노력했고, 마치 자기 회사인 듯 헌신적으로 회사를 위해 일했다. 다른 직원들도 그의 변한 모습을 보며 받아주고 더 사랑해주었다.

그의 행동이 아닌 그 사람 자신과 그의 삶에 관심을 가진 결과였다. 그렇게 이웃의 잘못과 부족함을 용서하고 포용한 결과, '페이버favor'를 받았다.

그가 얼마나 열심히 일을 했던지, 우리 회사에서뿐 아니라 외부에도 능력 있는 사람으로 소문이 날 정도였다. 결국 얼마 안 가서 그는 우리 회사에 오기 전에 근무했던 회사로부터 이전보다 훨씬 더 많은 연봉을 주겠다는 좋은 조건으로 스카우트 제안을 받게 되었다. 그 회사는 직원이 2만 명이나 되는 큰 회사였다. 나와 우리 직원은 그의 성장과 행운을 진심으로 축하하며 보내 주었다.

이후에도 그에게서 좋은 소식들이 전해졌다. 그 회사로 갈 때는 프로젝트 매니저로 갔는데, 계속 진급을 해서 부장이 되고 부사장이 되었다. 사람들이 "당신은 어떻게 그렇게 빨리 성장했느냐"고 물으면, 그는 주저 없이 "팀하스 회사에서 배운 대로 고객과 동료들을 섬긴다"고 대답했다.

뿐만 아니라 그는 우리 회사의 든든한 후원자이며 친구로 좋은 일들을 함께했다. 그렇게 몇 년이 지난 뒤 올해 5월, 그는 우리 회사로 다시 돌아왔다. 그는 더욱 성숙한 경험과 훌륭한 인품, 그리고 열정적인 태도로 우리 회사를 위해 열심히 일하고 있다.

일터에서 우리는 절대 동료를 희생시키지 말아야 한다. 도리어 그가 잘되도록 최선을 다해야 한다. 그는 당신의 경쟁자가 아니라, 당신이 사랑해야 할 이웃이기 때문이다.

두 번째 심장

첫 번째 심장에 숨겨진
비밀과 축복

1999년 무렵부터 나는 다시 호흡에 어려움을 느끼기 시작했다. 조금만 뛰어도 숨이 찼고, 운동은 커녕 걷기조차 힘들어졌다. 약을 먹어도 증세는 호전되지 않았다. 심장 이식 수술을 하면 10년 정도는 살 수 있다고 들었는데, 심장 이식 수술을 한 지 6년째 되던 즈음이었다. 나는 다시 두려움에 사로잡혔다.

망설이다가 아내에게 상황을 털어놓았다. 그러자 아내는 올 것이 왔다는 듯한 표정으로 병원에 가자고 했다. 아이젠 박사는

"버틸 수 있는 만큼 버틴 후 다시 심장 이식 수술을 하자"고 말했다. 나는 이 심장에 무슨 문제가 있는 것이냐고, 꼭 수술을 다시 해야 하느냐고 물었다. 그러자 아이젠 박사는 '당신에게 말하지 못한' 것이 있다며 입을 열었다. 그것은 아내와 남동생 그리고 아이젠 박사가 6년 동안 지켜온 그들만의 비밀이었다.

24년 전, 내가 옆방의 여인에게 심장을 양보하고 사경을 헤맬 때, 아이젠 박사에게 뜻밖의 소식이 전해져왔다. 나에게 꼭 맞는 심장이 나타난 것이다. 그런데 그 심장은 알코올 중독의 병력이 있는 40대 남자의 심장으로 정상적인 심장 이식용으로는 '적합하지 않은' 심장이었다. 하지만 목숨이 위태로운 환자를 살리는 용도로는 사용할 수 있기 때문에 '응급 환자'에게 필요하다면 그 심장을 쓰라고 다른 병원의 심장전문의가 정보를 준 것이었다.

그 소식을 들은 아이젠 박사는 아내에게 이 사실을 알려주었고 아내는 남동생과 이 문제를 의논했다. 두 사람은 고민에 빠졌다. 왜냐하면 이 심장을 받으면, 다음에 좋은 심장이 나타나도 그 심장에 대한 권리가 없기 때문이다. 그것은 내 다음 차례인 환자에게 가게 되어 있었다.

하지만 두 사람에겐 고민할 시간이 많지 않았다. 주치의는 다른 심장이 언제 나타날지 모르니 이 심장이라도 받아 이식 수술을 하자고 제안했다. 고민하는 사이 나의 상태는 더욱 악화되어 하루에 단 한 시간도 편하게 숨을 쉴 수 없는 지경이 되었다.

단 하루라도 내가 편하게 남들처럼 숨 쉬도록 해주고 싶다는 절박한 소망이 두 사람의 마음을 움직였다. 그렇게 수술이 결정되었다. 그리고 내가 그 사실을 알면 실망하고 좌절할까 봐 6년이나 입을 다물고 있었다.

수술 후 아내는 무겁게 함구하고 있었지만, 장난기 많은 남동생은 '젊은 여자의 건강한 심장'을 받았다고 놀리곤 했다. 심장이 여자 심장이니 여자나 다름없다면서 험한 일은 하지 말라고 놀리기도 하고, 골프를 칠 때는 레이디티에 가서 치라고 해서 실제로 나도 장난삼아 레이디티에서 티샷을 한 적도 있다. 그런데 그 모든 것이 '문제 있는 심장'을 이식받았다는 사실을 감추기 위한 것이었다.

아이젠 박사가 상식적이지 않은 결정을 하면서까지 나를 자기 환자로 데려가려 했던 이유도 이해가 되었다. 그는 다른 환자를 위해 건강한 심장을 버리고, '병원에서 버리다시피' 한 심장을 이식받은 채 살아가고 있는 내가 최소한 다시 건강한 심장을 이식받을 수 있도록 해야 한다는 생각을 한 것이었다.

그리고 그제서야 지난 6년간 이해할 수 없었던 아내의 행동들도 하나둘 이해되기 시작했다. 병원에 있을 때는 같이 사업을 시작하자고 철석같이 약속을 해놓고도 막상 심장 이식 수술을 받고 집으로 돌아온 뒤에는 사업을 하지 못하도록 1년이나 반대했던 일, 셋째 아이를 갖자고 했을 때 펄쩍 뛰면서 절대 안 된다고 했던 일들도 다 이유가 있었던 것이다.

심지어 이런 일도 있었다. 첫 번째 심장 이식 수술을 하고 집으로 돌아온 지 1년쯤 지났을 때였다. 당시는 한겨울이었는데 눈이 무척 많이 왔다. 그래서 나는 이전과 다름없이 마당으로 나가서 눈을 치우기 시작했다. 그러자 그 모습을 본 아내가 달려 나오더니 "누가 이런 일을 당신더러 하라고 했느냐"면서 당장 집으로 들어가라며 거칠게 화를 냈었다.

정말 어이가 없었다. 2억 원이나 되는 엄청난 돈을 주고 심장 이식 수술을 받았는데, 이 정도 일도 하지 못하게 하는 아내를 이해할 수가 없었다. 평소에는 너무도 부드럽고 상냥하던 사람이 그렇게 거칠게 화를 내는 것이 참 보기 싫었다. 나는 그저 아내가 변했다고만 생각했다.

하지만 사실은 그게 아니었던 것이다. 아내는 두려웠던 것이다. 지난 6년간 나를 지켜보는 아내가 하루하루를 얼마나 조마조마하며 살아왔을지 내게 생생하게 전해져왔다. 아무것도 모르는 남편이 사업도 반대하고 아이도 더 낳지 않겠다는 자신을 원망스러운 눈으로 쳐다보는 것을 알면서도, 남몰래 얼마나 많은 눈물을 흘리며 '남편을 살려달라고' 하나님 앞에 매달려 기도했을지 그 모습이 눈에 선했다.

그렇게 아내와 남동생 그리고 아이젠 박사가 각자 자신의 몫으로 정해진 고통과 인내의 시간을 견디는 동안, 하나님은 나에게 '페이버favor'를 허락하사 회사를 아름답게 성장시켜주시고, 두 번째 심장 이식 수술을 너끈히 할 수 있는 마음의 준비와 경제적인 능력을 허락해주셨다.

생존의 마지막 기회,
두 번째 심장

나는 곧바로 입원했다. 하지만 아내와 남동생 그리고 부모님도 첫 번째 입원 때와는 다르게 '마음의 준비'를 할 수가 있었다. 이상한 말처럼 들릴지 모르지만, 두 번째 입원 때에는 병원 생활이 보람차고 즐거웠다. 성경 공부 모임을 만들어 매일 20여 명의 환자들과 성경을 읽고 기도했고, 환자 한 사람 한 사람과 대화를 나누며 그들의 이야기를 들어주었다.

그런 나는 이번에도 아내에게만은 여전히 언제 터질지 모르는 '폭탄' 같은 존재였다. 예측 불가능한 수많은 '비상 상황'을 감수해야 하는 심장 이식 수술을 앞두고 또다시 심장병동에서 전쟁 같은 시간을 보내야 하는 나를 위해, 아내는 심장병 환자에게 좋다는 음식을 정성껏 만들어 병원으로 달려오곤 했다.

하지만 그때마다 나는 다른 환자에게 가 있었다. 심지어는 그들과 햄버거를 시켜서 먹고 있던 적도 있었다. 아내는 그런 나를 보며 '못 말린다'며 고개를 내젓곤 했다.

심장병동 환자들은 불평불만이 많았다. 몸이 괴로우니 간호사와 의사에게 불평을 하고, 환자들끼리도 하루가 멀다 하고 시비가 붙었다. 심지어 냉장고의 제일 안쪽 자리를 누가 더 많이 차지하느냐를 놓고 싸움이 벌어지기도 했다.

내가 이런 환자들 속에서 몇 개월을 지내야 한다는 사실 때문에 아내는 마음이 무거웠지만, 나는 환자들을 찾아다니며 일부러 그들의 불평을 들어주었다. 그저 귀 기울여 들어주는 사람이 있다는 것만으로도 그들의 마음은 한결 누그러졌다.

내가 한 일은 아무것도 없었다. 위로를 한 것도 아니요 조언을 한 것도 아니었다. 그저 가만히 듣기만 했다. 그런데도 심장병동의 분위기는 눈에 띄게 바뀌었다. 불평불만이 줄어들고, 환자들 사이의 다툼이 사라지고, 간호사에게 웃으며 인사를 건네는 환자들도 생겨났다. 당시 열 살이었던 큰딸 크리스티나는 병원에서 환자들과 포커를 하며 놀기도 했다.

심장 이식 수술 전력이 있다는 이유로 나는 1인실에 있었다. 그 덕에 아내와 아이들이 자주 와서 자고 가기도 했다. 원래는 안 되는 일이지만, 아이들도 어리고 병실에 다른 환자가 있는 것도 아니어서 병원 측에서 이해를 해주었다.

병원에서 네 식구가 함께 자고 다음 날 아침이면 아내는 부리나케 일어나 눈곱만 떼고 아이들을 학교에 데려다준 뒤 일을 하고, 하교 시간이 되면 아이들을 학교에서 다시 병원으로 데려왔다. 내 병실은 아이들 놀이터이자 집이었다.

비즈니스 미팅도 병원에서 했다. 그동안 직원은 12명으로 늘어났고, 나만큼이나 회사의 정신과 나아갈 방향을 잘 아는 놀리 부사장을 비롯한 동료와 직원들 덕분에 사업은 탄탄대로를 걷고 있었다. 오너의 장기 입원은 회사의 위기가 될 수도 있었지만, 하나님의 축복과 직원들의 노력으로 회사는 탈 없이 잘 운영되고 있었다.

그렇게 6개월이 지났을 때, 마침내 내게 맞는 심장이 나타났다. 십대 소년의 튼튼한 심장이라고 했다. 그 심장이 내게 온 것은 감사했지만 그 심장이 내게 오기 전, 그 어린 나이에 세상을 떠나게 된 아이와 그 아이를 잃은 부모의 깊은 슬픔을 생각하니 가슴이 먹먹했다. 그 슬픔과 죽음을 통해 다시 살아나게 될 내가 앞으로 어떻게 살아가야 할지도 더욱 또렷해졌다.

지난 6개월 동안 병원에서의 나의 하루하루가 하나님 보시기에 좋았던 것일까. 이번에도 수술이 무사히 잘 끝났다. 회복도 빨랐다. 그런데 퇴원하는 날, 의사는 나를 앉혀놓고 심각한 표정으로 말했다.

"팀, 지금부터 내가 하는 말을 명심해요."

나는 긴장했다.

"이 심장 잘 지켜야 해요. 미국 의료법상 심장 이식 수술은 한 사람이 평생 두 번만 받을 수 있어요. 심장을 한 번도 받지 못해 죽는 사람이 많은데 두 번 이상 받는 것은 불공평하니까요."

"그렇군요."

"비록 첫 심장이 좋지 않은 심장이긴 했지만, 당신은 두 번의 기회를 다 썼습니다. 그러니 이 심장을 잘 지켜야 합니다. 약 잘 챙겨 먹고, 무리하지 말고 충분히 쉬면서 생활해야 해요."

그의 말은 이 심장이 내 마지막 심장이라는 뜻이었다. 그 말은 곧 이 심장이 멈추면 나는 죽는다는 뜻이었다.

첫 심장 이식 수술로 6년을 살았다. 이제 두 번째 심장 이식 수술을 통해 최소 10년의 삶이 허락되었다. 이때 내 나이 마흔하나, 10년 후면 쉰 살, 딸들은 스무 살, 열아홉 살이 된다. 만약 15년까지 산다면 딸들이 결혼하는 것까지는 볼 수 있을지도 모른다. 하나님의 특별한 축복이 있어서 20년을 살 수 있다면 손자 손녀도 볼 수 있을 것이다.

하지만 내게 허락된 시간이 얼마나 되느냐는 중요하지 않았다. 내가 두 번이나 심장 이식 수술을 하고도 건강하게 다시 깨어난 것, 그리고 기뻐하는 아내와 딸들을 보며 다시 웃을 수 있는 것만으로도 더는 바랄 게 없었다.

이웃을 사랑하는 법

사랑은
용서에서 시작된다

형 크리스가 세상을 떠났을 때, 나는 예상했던 것보다 훨씬 더 힘들었다. 일에 집중을 할 수가 없어서 정처 없이 몇 시간씩 걷기도 했다. 나는 형이 겪었던 고통을 안다. 그런 형을 보는 나 역시 너무나 고통스러웠다. 왜 형이 그런 고통을 겪어야 하는지 알 수 없었다. 형은 만성 우울증과 편집증을 앓았다. 그 자신은 결코 인정하지 않았던 조울증도 심했다.

형은 훌륭한 사람이었다. 대통령 전용기의 커뮤니케이션 시스템을 디자인했던 미국 최고의 공학 전문가였다. 나와는 달리 형은 학교 성적도 좋았다. A학점을 따는 것이 그에겐 너무 쉬워 보였다. 나는 밤낮으로 열심히 공부를 해야 B나 B+를 받았고, C 학점도 많았다. 사람들이 명문이라고 부르는 펜실베이니아 대학교에 어떻게 들어왔는지 믿어지지 않을 정도였다. 그런 나에 비해 형은 훨씬 뛰어난 능력을 갖춘 사람이었다.

그런데 내성적인 성격이었던 형은 오랫동안 가족들을 향한, 특히 아버지와 남동생을 향한 그의 따뜻한 속마음을 잘 표현하지 못해 힘들어하고 있었다.

나는 시애틀에 사는 형에게 자주 안부를 묻곤 했다. 언제나 내가 안부를 묻는 편이었다. 형이 겉으론 무심한 것 같지만 마음속 깊은 곳에는 가족을 향한 따뜻한 마음이 있다는 것을 잘 알기에, 나는 종종 형을 향한 우리의 각별한 사랑을 전하곤 했다.

아버지가 치매로 기억을 잃어갈 때는 형에게 전화를 걸어서 "기억을 다 잃어버리시기 전에 아버지를 만나보라"고 말했다. 하지만 형은 오지 않았다. 그 후 아버지는 돌아가셨다. 나는 형에게 전화를 걸어서 장례식에 오라고 했다. 형은 그때도 오지 않았다.

형은 여동생이 암으로 투병하다가 꽃다운 나이에 세상을 떠

낮을 때에도 장례식에 오지 않았다. 형은 내가 병원에 6개월간 입원해 있을 때에도 병문안을 오지 않았다.

그러다가 2년 전 어느 날, 형에게서 전화가 왔다. 전화를 했다는 것만으로도 놀라운 일인데 무려 2시간에 걸쳐 긴 통화를 했다. 당시 형은 어른이 된 후 처음으로 자신의 속마음을 동생인 내게 털어놓았다.

가난한 이민자이자 목회자였던 아버지는 비상한 두뇌를 가진 장남에게 큰 기대를 걸었다. 그래서 형에게 의대에 가도록 강요했다. 의사가 되어 부모와 동생들을 돌보라는 의미였다. 형은 마지못해 의대를 갔지만, 사체 검안이나 시체를 칼로 토막 내는 수술 실습 등, 의대생들이 필수적으로 통과해야 하는 실습 과정을 견디지 못했다. 결국 1년도 못 견디고 도중하차했고, 아버지는 그런 형을 '무책임하다'며 질책했다. 형은 다시 공대에 진학해서 엔지니어가 되었지만, 형에겐 이미 병원과 아버지에 대한 트라우마가 생긴 상태였다.

그런 형은 가족이 아픈 것이 싫었다고, 아픈 가족을 보는 것이 고통스러웠다고 고백했다. 그래서 오지 못했다며 내게 용서를 구했다. 나는 용서할 일조차 없다고 말했다. 그런 일이 있었는지도 잊었다고 말해주었다.

그러나 형은 평생 '가족을 돌보지 않은 죄책감'에 시달렸다. 언젠가 형은, 내게 이런 메일을 보내기도 했다.

나는 어려운 상황을 조용히 처리하는 지혜를 배운 적이 없는 것 같아. 그리고 너무 오랫동안 아버지, 그리고 막내와 소원하게 지낸 것이 마음에 큰 짐으로 느껴진다. 너한테도 잘한 건 없지. 좀 더 친절하고 아량을 보였어야 했다는 생각이 들어. 나의 실수는 너무도 분명하지만, 상처를 주려고 했던 건 아냐. 나는 늘 상황을 나쁘게만 만들어왔지. 이젠 알 거 같아. 돌이키기엔 너무 늦어버린 게 아닐까.

메일을 읽고 나는 형에게 곧바로 전화를 했다. 형의 잘못이 아니라고 말해주었다.

그러나 형은 결국 스스로를 용서하지 못했다. 그 후회가 형을 괴롭히더니 결국은 집어삼켜버렸다. 우울증이 시작되었다. 그러면서 음식은 먹지 않고 맥주만 들이켰다. 편집증이 생기기 시작했고 현실과 환상을 구분하지 못했다. 그러다 결국 형은 세상을 떠났다.

한 신문에 이런 작은 광고가 실렸다.

"조니, 너의 실수와 잘못은 모두 잊었단다. 아버지는 오늘 밤 8시에 타임스퀘어에서 너를 만나고 싶단다."

그날 밤, 조니라는 이름을 가진 수십 명의 젊은이들이 아버지를 만나기 위해 타임스퀘어로 몰려들었다. 이 세상에는 용서받기를 원하는 수많은 조니가 있었던 것이다. 어디 조니뿐일까. 세상에는 '너는 용서받았다'는 말을 듣기 원하는 수많은 사람들이 있다.

끊임없이 실수와 죄를 반복하며 사는 우리는 잘못을 할 때마다 마음속으로 혹은 소리 내어 운다. 용서를 구하든 구하지 않든, 자신의 죄와 돌이킬 수 없는 실수로 인해 고통스러워한다.

이처럼 우리의 아들과 딸들도 울고 있다. 우리에게 용서받기를 기다리며 울고 있다. 나의 형제자매들도, 동료나 심지어 부모들도 우리의 용서를 기다리며 울고 있다. 부모들은 자녀의 용서를 구하며 울고 있다. 우리가 아는 모든 사람들이 서로의 용서에 목이 말라 울고 있다.

지금도 잊지 못하는 감동적인 영화 중에 〈도움주기Pay It Forward〉(한국 개봉작 제목은, '아름다운 세상을 위하여')라는 영화가 있다. '세상을 바꿀 아이디어를 생각해서 실천에 옮기라'는 사회 숙제를 하기 위해 열한 살 소년 트레버는 '도움주기'를 실천한다. 자기가 먼저 세 사람을 도와주고, 그 사람들에게 자신처럼 적어도 세 사람에게 그 도움을 되갚도록 부탁한다. 열한 살 소년의 실천은 빠른 속도로 확산되어 다른 도시로까지 퍼져나가고, 미국 전역에 '도움주기 운동'으로 확산된다.

트레버의 엄마 엘린은 아들 트레버의 '도움주기'를 실천하기 위해 알코올 중독으로 거리의 노숙자가 된 자기 엄마를 찾아간다. 그리고 엄마와의 관계를 회복하고 싶다고 하면서 이렇게 말한다.

"이제 엄마를 용서할게요."

용서는 분명, 사람을 회복시키는 힘이 있다. 도움주기 숙제를 통해 아버지의 폭력에 시달리는 엄마와 가정폭력으로 화상을 입은 사회 선생님, 친구들에게 폭행을 당하는 친구와 거리의 노숙자가 자신의 어둠에서 헤어 나오기를 간절히 원했던 소년 트레버는 한 기자와의 인터뷰에서 이렇게 말한다.

"사람들을 잘 살펴봐야만 돼요. 사람들을 지켜보고 보살펴야 하죠. 왜냐하면 혼자서는 할 수가 없거든요. 자전거를 고치는 일보다 훨씬 중요한 일이 있는데 바로 사람을 고치는 일이에요."

그렇다. 사람을 고치는 일만큼 중요한 일이 또 있을까. 하지만 사람을 고치기는 쉽지 않다. 용서만큼 어렵고 불편한 감정도 없기 때문이다.

용서는 결코 자연적인 것이 아니다.
용서는 우리의 지긋한 인내를 요구한다.
용서는 우리의 힘겨운 희생을 바탕으로 한다.
용서는 묵묵한 끈기를 필요로 한다.

용서는 우리의 조건 없는 순종을 요구한다.

용서는 종종 고통과 절망의 분노보다 더 많은 것을 요구한다.

예수님은 우리를 용서하시기 위해 십자가에 못 박히는 고통을 감당하셨다. 그렇게 함으로써 예수님은 세상을 고치셨다. 우리도 이와 같은 방식으로 서로를 용서하고 우리의 상황을 바꿔나가야 한다.

용서는, 가장 아름다운 희생의 다른 이름이다. 용서는 가장 아름다운 사랑의 다른 이름이다.

"용서하는 것은 하나님 보시기에 좋은 것이다. 그러므로 용서함이 '페이버'를 받는 길이다."

사랑은,
나를 주는 것이다

테네시 주의 한 시골 마을에 살았던 아홉 살 소년에 대한 이야기다. 교회에 처음 나간 날, 헌금 봉헌 순서가 되었을 때 소년은 뭘 해야 하는지 잘 몰랐다. 그러다 사람들이 예수님께 돈을 드리고 있음을 깨달았다. 그러나 소년은 돈이 없었다. 이윽고 헌금함이 그가 앉은 줄로 왔지만 소년은 다시 옆으로 넘길 수밖에 없었다.

헌금함이 다시 사람들 사이로 돌고 있었다. 소년은 헌금함에 눈을 고정했다. 그러다 한 가지 생각이 떠올랐다. 헌금위원에게 가서 한 번 더 헌금함을 만져볼 수 있는지 물었다. 그는 헌금함을 가져와 바닥 위에 놓고 그 중간에 올라서서 말했다.

"예수님, 저는 오늘 주님께 드릴 것이 아무것도 없어요. 그렇지만 저를 주님께 드릴게요."

나를 사랑하는 그 사람에게 주어라. 준다는 것은 내게 있는 무엇인가가 없어지는 것이 아니다. 내 안에만 있던 무언가가 다른 사람에게도 생긴다는 것이다. 늘어나는 것이다. 더욱 풍성해지는 것이다.

그래서 받을 때보다 줄 때가 더 기쁜 것이다. 내가 사랑한다고 믿는 사람에게 나는 나를 얼마나 자주, 최선을 다해, 많은 것을 주고 있는가. 풍성한 삶을 살고 싶다면, 행복해지고 싶다면 주어라. 주는 것이 사랑이다.

나를 누군가에게 주기 위해, 내가 항상 하려고 애쓰는 두 가지 말이 있다. 그 첫 번째는 이것이다.

"저 여기 있습니다. 제가 하겠습니다."

내가 이 말을 좋아하는 것은 아버지 때문이다. 한국전쟁 때 고등학생이었던 아버지는 아무도 나서지 않을 때 자진하여 전쟁에 참여했다. 국군들이 들어와서 학도병을 모집할 때 아버지의 친구들은 모두 산으로 올라가 전쟁에 나가지 않으려고 몸을 숨겼다. 그 친구들에게 가서 아버지는 말했다.

"우리 마을에도 공산군이 곧 밀려올 거야. 그러면 죽을 수밖에 없어. 그러니 국군에 들어가서 싸우다 죽는 게 낫지 않을까? 그러다가 싸움에서 이기면 우리가 살 수 있는 거니까."

아버지는 친구들을 설득했고 공산군과 싸웠다. 아버지는 그 유명한 '다부동 전투多富洞 戰鬪(낙동강방어선 전투 중 국군 제1사단이 대구 북방 다부동에서 미군과 더불어 북한군 3개 사단을 격멸한 전투)'에 투입됐다가 공산군에게 포위되었다. 포탄과 총알이 빗발같이 쏟아지고 있었고 옆에 있던 전우들이 하나둘 쓰러져갔다. 그 순간, 아버지는 자신도 모르게 눈을 감고 이렇게 기도했다.

"저는 하나님 당신이 누구인지는 잘 모릅니다. 그러나 만일 당신이 나를 살려주시면, 제 평생을 당신에게 드리겠습니다.”

기도를 마친 뒤, 아버지는 일어나 전우들과 함께 달리기 시작했다. 정신없이 달려서 겨우 적군의 사정거리를 빠져나왔을 때, 살아남은 사람은 아버지뿐이었다. 아버지는 하나님이 기도를 들어주셨다고 확신했다. 그래서 자신을 하나님께 드리기로 결심하고 신학교에 들어가 목사가 되었다.

그런데 한센병 환자들이 사는 교회를 섬길 목회자를 찾고 있는데, 지원자가 없다는 이야기를 듣게 되었다. 그 말에 아버지의 마음이 움직였다. 한센병 환자들은 ‘문둥이’라고 손가락질을 당하고, 천대받으며, 제대로 된 교육이나 치료도 받지 못한 채, 사람들로부터 격리되어 살아가고 있었다. 세상은 물론 교회조차도 외면한 외로운 사람들이었다. 아버지는 세상 누구보다도 그들이야말로 ‘예수님’과 ‘복음’이 필요한 이들이라 생각하고 그들을 위해 헌신하기로 했다.

‘제가 그들을 섬기겠습니다. 그들을 위해 살겠습니다.’

아버지는 그렇게 한센병 환자들이 사는 부산 용호동으로 들어갔다. 왜 하필 한센병 환자촌에서 목회를 하냐고 물으면, 아버지는 이렇게 대답하시곤 했다.

"육신의 더러움은 영혼의 더러움보다 가볍습니다. 그들은 겉으로 문둥이지만, 우리는 속으로 문둥이입니다."

그렇게 아버지는 평생 '저 여기 있습니다. 제가 하겠습니다'의 삶을 살았다. 전쟁 속에서도, 한센병 환자들 사이에서도 아버지는 언제나 물러나지 않았다. 나는 그 한마디야말로 인류와 세상과 교회와 가정과 나 자신을 가장 빨리 변화시키는 위대한 말이라고 생각한다. 그만큼 위력이 있는 또 하나의 말이 있다.

"다 끝냈습니다."

내가 이 말을 생각하거나 듣거나 할 때마다 심장이 뜨거워지는 것은 내가 가장 사랑하는 분이 이 말을 했기 때문이다. 죽어 마땅한 죄를 지은 우리를 위해 대신 죄인이 되어 죽임을 당하신 예수 그리스도. 그는 십자가 위에서 세상을 떠나기 전 마지막으로 이 말을 남겼다.

"다 이루었다. It is finished."

일상생활 가운데서도 이 두 가지 말이 필요하다. 예를 들어보겠다.

"아들! 청소 다 했니?"
"네, 다 끝냈어요."

"여보, 여행 차편 알아보는 걸 깜빡했네요."
"걱정 말아요. 내가 했어요."

"보고서 다 썼나?"
"네, 교수님. 다 끝냈습니다!"

"동생한테 사과했니?"

"네, 했어요!"

"그 사람 용서했니?"
"네, 했어요!"

"그 사람 사랑했니?"
"네, 했어요!"

이 말을 하는 사람의 삶과 인간관계는 늘 성장한다. 빠르게 변화한다. 그리고 눈부시도록 새롭다. 이 말을 직장에서 자주 쓸수록 '난 이 직업이 너무 싫어'라는 말을 더 이상 하지 않게 된다. 그렇게 시간이 흐르면 당신은 승진을 하고 더욱 명예로운 자리에 가게 될 것이다.

우리 회사에는 앞의 두 가지 말을 하는 직원들이 많다. 아픈 직원을 대신해서 야근을 하고, 교통사고를 당한 직원이 1년이나 병원에 입원하게 되자, 누가 말하기도 전에 동료들이 자기의 유급휴가를 주어서 걱정 없이 치료를 잘 마치도록 도왔다.

팀하스에서 일하는 사람들의 특별함은 바로 여기에 있다. 누군가의 희생이 필요할 때 나뿐만 아니라 직원 모두가 '제가 하겠습니다' 하고 말한다. 그리고 내가 물어보기 전에, 혹은 고객이 물어보기 전에 '다 했습니다'라고 말한다.

단 한 명의 직원도
포기하지 않았습니다

2008년 봄, 미국에서 시작된 금융 위기로 전 세계의 경기가 마비되기 시작했다. 그 진원지인 뉴욕을 비롯한 미국 동부의 경기는 얼음장처럼 얼어붙었다. 모든 비즈니스가 중단되고 큰 회사들이 줄줄이 부도를 내며 무너져 내렸다.

기업들은 회사를 살리기 위해 직원들을 해고하기 시작했다. 웬만한 회사들은 전 직원의 70~80%를 해고했고, 잘나가는 회사들도 50%의 직원을 내보냈다.

우리 회사도 예외는 아니었다. 2008년부터 프로젝트가 줄어들기 시작하더니 그 이듬해인 2009년에 들어서자 큰 프로젝트는 더 이상 들어오지 않았다. 하지만 나는 걱정하지 않았다. 우리 회사에는 다른 회사에는 없는 '예비비' 제도가 있었기 때문에 수입이 없어도 2년간은 그 예비비로 직원들의 월급을 주며 버틸 수 있었다. 예비비란, 이런 위기를 대비해서 전 직원의 월급 일부를 예비비 항목으로 모아놓은 돈이었다.

그렇게 6개월을 더 버텼다. 직원들 몫의 예비비는 벌써 바닥이 났다. 그래서 나와 두 명의 임원은 우리들 몫의 남은 예비비로 직원들의 월급을 주면서 새로운 프로젝트가 들어오기를 기다렸다.

하지만 나 역시 돈이 없으면 어쩔 수 없이 해고를 할 수밖에 없었다. 사실, 오너 입장에서는 10%를 해고하면 1년에 10억 원 정도를 아낄 수 있었다. 매년 그런 식으로 경비를 아끼면 어떻게든 회사는 살아남는다. 그래서 다른 회사들이 직원을 해고하는 것이다.

나는 회사를 하려고 직원을 고용한 것이 아니다. 직원은 회사를 통해 내가 섬겨야 할 가장 소중한 이웃이었다. 하지만 불경기는 내가 생각한 것보다 더욱 심각했고 회복의 기미도 보이지 않았다. 임원들이 내놓은 예비비마저 거의 바닥이 났을 무렵인 2009년 4월, 나는 전 직원을 한자리에 모이게 했다. 그리고 중대한 발표를 했다.

"지난 1년 반 동안 변변한 프로젝트도 없는 상태에서 우리는 예비비로 함께 버텨왔습니다. 최근에는 저와 다른 두 분의 임원이 자신의 예비비로 여러분에게 월급을 주고 있습니다. 그런데 이제 그 돈도 3개월치밖에 남지 않았습니다. 그 전에 새로운 프로젝트가 들어오지 않으면 할 수 없이 우리 중에 누군가를 해고해야만 합니다."

직원들에겐 너무도 듣기 힘든 이야기였지만 아무도 불만이 없었다. 창업한 지 20년이 다 되어가던 그때까지 우리 회사에서 해고된 사람은 세 사람뿐이었다. 그들은 근무를 하는 동안 많은 문제를 일으킨 이들이었고, 몇 차례에 걸친 경고와 권고에도 개선의 여지가 없었다. 직원들도 그 사실을 잘 알고 있었다.

특히 수많은 회사들이 직원들을 해고하는 게 너무도 당연했던 그때, '불경기에 살아남기 위해, 혹은 회사를 살리기 위해 직원을 희생시키는' 형태의 해고는 단 한 명도 하지 않았다.

하지만 나를 비롯한 경영진의 희생에도 불구하고 더 이상은 버티기 어려운 상황에 처했다는 사실을 알게 된 직원들의 얼굴에 불안감이 번져갔다.

"이제 우리가 할 수 있는 일은 기도밖에는 없습니다. 믿음이 있건 없건 모두 기도합시다. 우리 중 아무도 이 회사를 떠나지 않고 함께 일할 수 있게 해달라고 기도해주십시오."

직원들이 모두 고개를 끄덕였다. 그들의 표정을 보며 나는 마지막 말을 전했다.

"여러분이 그렇게 기도를 하는 동안 저는 다른 기도를 하려고 합니다."

"무슨 기도를 하실 건데요?"

"이 불경기가 지나갔을 때 우리는 하나님의 도움으로 이 어려움을 이겨냈다고 말할 수 있도록 해달라고, 우리는 하나님께 축복을 받았다고 말할 수 있는 증거를 달라고 기도하겠습니다."

순간, 직원들의 눈빛이 일렁거렸다. 그들을 희생시키고 싶지 않은 나의 간절함이 직원들의 마음을 움직였다. 그들은 내가 얼마나 그들과 함께하고 싶은지를 느꼈다. 그날부터 우리는 기도를 시작했다.

다른 회사에서는 직원들을 해고하고 남은 직원들은 사방팔방으로 뛰어다니며 프로젝트를 따러 다니느라 정신이 없었다. 하지만 경기는 더욱 심각하게 침몰하고 있었고 2차, 3차 해고가 계속되었다.

하지만 그 시간에 우리는 간절히 기도를 했다. 회사가 아닌 이웃을 살리고 싶다고, 함께 일하며 함께 이웃을 도우며 살아가고 싶다고, 그래서 이 불경기가 지나갔을 때, 직원을 지키기 위해 희생한 우리가 살아남았다고 말할 수 있게 해달라고 기도를 했다.

한 달이 흘렀다. 기도에 회의적인 태도를 보이는 직원들이 보이기 시작했다. '이렇게 앉아 있으니, 뭔가 나가서 해야 되는 거 아니야' 하는 눈빛이 보이기 시작했다.

그런데 바로 그즈음, 기적이 일어났다. 마이애미에서 역대 최대 규모의 프로젝트가 들어온 것이다. 나를 비롯한 전 직원이 놀라지 않을 수 없었다. 더군다나 이번 불경기로 가장 큰 타격을 입은 도시가 마이애미였기 때문이다.

그 지역을 대표하던 거의 모든 회사가 줄줄이 부도로 무너지고 직원 해고율은 전국 최고였다. 금융 위기의 최대 희생 지역으로, 경기가 완전히 죽었다고 알려진 마이애미에서 6,000대 규모의 주차장 설계 프로젝트가 들어온 것이다.

이웃을 위해 한 희생은 값없이 사라지지 않는다. 정확한 때에 놀라운 기적, '페이버favor'가 되어 우리에게 되돌아온다. 직원들은 그 사실을 다시 한 번 확인하게 되었고, 나는 그제서야 이렇게 말할 수 있게 되었다.

"단 한 명의 직원도 포기하지 않았습니다."

창업 이래
최대의 위기를 맞다

어언 6년이나 지났지만, 지금도 그때를 생각하면 등골에 식은땀이 흐른다. 앞에서 말했듯, 마이애미 말린스 야구장의 주차 빌딩 프로젝트는 전 사원의 간절한 기도 끝에 기적처럼 우리에게 온 선물이었다. 그 프로젝트로 인해 우리는 흩어지지 않고 함께 일할 수 있었고, 한마음으로 위기를 기회로 전환시켰다는 끈끈한 유대감으로 직원들의 사기는 날로 높아져갔다.

2010년 말, 말린스 야구장을 완전히 감싸고 있는 네 개 동의 주차 빌딩이 마치 호위무사 같은 당당한 위용을 드러내기 시작했고, 프로젝트는 거의 마무리 단계에 있었다. 6,000대 규모의 이 주차 빌딩들을 짓느라 설계하는 데만 1년 반이 걸렸고, 전체 직원의 거의 1/3에 가까운 인원이 오로지 이 일에만 매달렸다.

말린스 야구장 주차 빌딩은 또 하나의 자랑스러운 우리의 '작품'이었다. 나는 그 프로젝트로 인해 우리 회사가 또 한 번 약진할 것을 믿어 의심치 않았다. 그리고 그 큰 프로젝트를 무리 없이 잘 해낸 직원들이 너무도 자랑스러웠다.

그런데 상상하지도 못했던 소식이 전해졌다.

"회장님, 큰일 났습니다! 말린스 야구장 주차 빌딩에 심각한 문제가 발생했습니다."

"심각한 문제라니?"

"빌딩 기둥에 금이 가기 시작했습니다."

"뭐라고? 어느 기둥에?"

"한두 개가 아닙니다. 기둥 전체에 금이 가기 시작했습니다."

순간, 나는 내 귀를 의심했다. 그 주차 빌딩에는 기둥이 수백

개나 있었다. 그 많은 기둥에 다 금이 가다니! 그건 있을 수 없는 일이었다.

"어떻게 그런 일이 생길 수가 있어?"
"지금 원인을 찾고 있긴 한데, 아직은 왜 그런지 잘 모르겠습니다."

직원의 설명을 들으면서도 나는 고개를 저었다. 이런 일은 일어날 수도 없는 일이지만, 절대 일어나서는 안 되는 일이었다. 만일 이게 사실이라면 정말 큰일이었다.

프로젝트에 관련된 전 직원과 임원이 한자리에 모였다. 그리고 설계 도면과 시공 과정의 모든 감리 데이터를 검토해가며 원인을 찾았다. 그런데 아무리 봐도 원인은 한 가지, 고객의 무리한 요구로 진행된 '설계 변경'이었다.

당시 고객은 주차 빌딩에 커다란 전광판을 달기 원했다. 안전과 쾌적한 조망, 편리한 보행 구조를 핵심으로 하는 주차 빌딩에 전광판을 설치하는 것은 안전상으로나 비용적으로나 무리라고 하였으나 고객은 고집을 꺾지 않았다. 그래서 우리는 주차 빌딩이 갖춰야 할 최선의 조망과 공기 소통의 조건을 충족시키면서 고객이 원하는 대형 전광판을 설치할 수 있는 설계를 제안했다. 그러자 공사비가 90억 원 가까이 나왔다.

놀란 고객은 우리가 제안한 건축 자재와 건축 방식이 아니라, 비용을 아낄 수 있는 방식으로 바꿔달라고 요청했다. 우리 측 디자이너는 '건물의 안전과 주차 빌딩의 기능에 무리가 온다'는 이유로 전광판의 크기를 줄이자고 제안했으나 받아들여지지 않았다.

결국 커다란 전광판 설치를 하면서도 충분한 공기를 확보할 수 있도록 억지스럽게 설계를 변경했다. 변경한 설계대로 시공을 하는 과정에서 관련된 여러 회사의 실수도 있었지만, 결국 설계와 시공 감리의 책임은 우리에게 있었기 때문에 결과에 대해서는 우리의 책임도 있었다.

이 사태를 해결할 수 있는 방법은 대규모의 보수 공사를 하는 것뿐이었다. 그런데 여기엔 두 가지 커다란 문제가 있었다. 첫 번째는 비용이었고, 두 번째는 보수 공사가 4개월 후인 프로야구 경기 개막일 전에 끝나야 한다는 것이었다.

그런데 보수 공사비가 대략 계산해도 40억 원이나 됐다. 설계 감리 회사인 우리 잘못이 가장 크므로 우리가 책임을 지고 싶어도 우리 보험회사가 승인하지 않으면 불가능했다. 이 보험사에서 승인을 해준다고 해도 이런 대형 사고를 낸 우리 회사는 다른 보험사에서 받아주지 않을 게 분명했다. 미국에선 보험이 없이는 사업 자체가 불가능하다.

또한 보험사에서는 우리 회사뿐 아니라 다른 회사도 일정 부분 잘못이 있으니 공사비를 나눠서 부담하자고 할 것이다. 하지만 공사 책임은 우리 쪽에 있기 때문에 아무도 책임지려고 하지 않을 것이다.

결국 법정으로 가서 이 사태의 책임을 따지는 쪽으로 갈 확률이 높았다. 그런데 미국 소송은 아무리 간단한 것도 기본이 몇 개월이다. 이렇게 규모가 크고 여러 회사가 얽힌 소송은 1년이 가도 끝나지 않는다.

그래도 손해를 줄이기 위해선 법정 소송이 우리에게도 나쁠 것은 없었다. 시간은 좀 걸리겠지만, 우리가 부담해야 할 공사비가 상당 부분 줄어들 것이기 때문이다.

하지만 더 큰 문제가 기다리고 있었다. 프로야구 경기 개막이 불과 4개월 앞으로 다가와 있었던 것이다. 미국 프로야구는 스포츠이자 수많은 관련 비즈니스가 함께 돌아가는 엄청난 규모의 스포츠 비즈니스다. 이 비즈니스에서 가장 중요한 것이 바로 경기가 벌어지는 야구장이다. 미국 주요 도시와 프로야구협회가 수많은 요인들을 감안하여 협의해서 미리 경기장을 결정한다. 야구 경기를 치르는 동안 뒤에서는 엄청난 규모의 비즈니스가 돌아간다.

그런데 만일 마이애미 말린스 야구장 주차장에 문제가 있어서 시합을 치를 수 없게 된다면, 그래서 마이애미에서 열려야 할 경기가 다른 도시에서 열리게 된다면, 미국 프로야구 경기 일정에 결정적인 타격을 준 이 사건은 전국 뉴스 타임을 떠들썩하게 만들 것이다.

그리고 주차 빌딩의 부실 공사로 인해 이 사태를 빚은 우리는, 모든 책임을 지고도 엄청난 비난을 면치 못할 것이다. 신뢰를 쌓기는 어렵지만 잃는 것은 한순간이다. 이 엄청난 실수를 저지르고도 우리가 이 업계에서 살아남을 수 있는 가능성은 제로였다.

나는 아무 생각도 할 수 없었다. 지난 10년간 내 삶의 힘찬 박동이 되어준 심장마저 멎는 듯했다. 창업 최대의 위기, 나는 상상조차 해보지 못한, 절체절명의 위기 앞에 서 있었다.

모든 것은
제가 책임지겠습니다

하루, 이틀, 사흘……. 천금 같은 시간이 흘러가고 있었다. 직원들은 밤을 새워가며 상황을 파악하고 대안을 마련하느라 여념이 없었고, 나 역시 하루에도 몇 번씩 회의를 하며 정신이 없는 상황이었지만, 가능한 한 혼자 있는 시간에는 집중하여 기도했다.

거센 풍랑이 일렁이는 세상 한가운데서 기도는 나를 평온한 길로 인도하는 방주와도 같았다. 이번에도 변함없이 기도 속에서 나아갈 길을 발견했다.

사건 발생 7일째, 나는 결단을 내렸다. 이 사태를 해결하는 최선의 방법은 어떻게 해서든 법정으로 가지 말고 원만하게 협상을 해서 하루라도 빨리 보수 공사를 시작하는 것이다.

그런데 불행 중 다행이랄까. 이 사태의 책임과 결정권이 나에게 있었다. 그래서 나는 이 공사와 관련된 모든 사람에게 '일단 만나서 상의하자'고 연락을 했다. 그리고 마이애미로 떠나기 전날, 나는 혼자 조용히 책상에 앉아 클라이언트에게 이메일을 썼다.

고객님께

이번 일로 마음이 무척 무겁습니다. 지난 주말 내내 회사 중역들과 함께 대처 방안을 마련하느라 골몰했습니다. 이번 사태를 해결하기 위해 저희가 할 수 있는 모든 일을 할 것임을 알려드립니다. 어제 저희들은 회의실에 모여 다음과 같이 기도드렸습니다.

1. 이번 사태로 인해 우리 모두가 마음에 상처받지 않도록 해주시고

2. 이번 사태를 통해 우리 모두가 공중 안전, 건강, 복지에 대한 책임감을 더 신중하게 배울 수 있도록 해주시고

3. 이번 사태를 토대로 우리가 서로 더욱 친밀해질 수 있도록 해주시고

4. 이번 사태를 계기로 우리가 자신의 능력의 한계를 알게 해주시고

5. 이번 사태를 계기로 우리가 전능하신 하나님께 더 다가가게 해주시고

6. 이번 사태를 잘 해결할 수 있는 좋은 지도자를 세워주십시오.

걱정을 끼쳐드려 죄송합니다.

이 문제를 해결하는 데 최선을 다하겠습니다.

그리 길지 않은 편지이건만, 쓰는 동안 손과 얼굴에는 진한 땀이 배어나왔다. 핏물 같은 땀이었다. 이윽고 편지를 끝까지 다 쓴 뒤, 떨리는 손끝으로 엔터를 눌렀다. 그 순간, 거의 신음에 가

까운 한숨이 터져 나오면서 눈물이 흘러내렸다. 지금 눈앞에 벌어진 이 일이 꿈이기를, 현실이 아니기를 얼마나 바랐는지…….참으로 감당하기 벅차고 두려운 상황 앞에서 나는 혼자 눈물로 기도를 시작했다.

다음 날, 마이애미에 간 나는 직원들과 다시 한 번 현장을 둘러보며 하루를 보냈다. 그리고 그다음 날 아침 눈을 떴다. 기적이 아니고선 어떤 것도 바꿀 수 없는 운명의 아침, 나는 모든 것을 하나님께 맡기고 담담한 심정으로 회의 장소로 향했다.

회의 시각은 아침 9시. 내가 도착했을 때는 이미 모든 관계자들이 변호사와 함께 도착해 있었다. 내가 들어갔지만 눈을 맞추는 사람은 한 사람도 없었다. 간단한 인사조차 나눌 분위기도 아니어서 나도 그냥 자리에 앉았다.

날씨가 꽤 쌀쌀한 편이었는데, 동행한 우리 쪽 마이애미 지사의 책임자는 구슬땀을 흘리고 있었다. 시공사 등 그 자리에 있는 사람들의 표정은 어둡고 분위기는 얼음장처럼 차가웠다. 그 누구도 입을 열지 않는 가운데서 잠시 무거운 침묵이 흘렀다.

그때 고객 측 변호사가 느닷없이 말을 툭 던졌다.

"나는 하나님을 믿지 않습니다."

뜬금없는 말에 모인 사람들의 시선이 그에게 집중됐다.

"하지만 내 아내는 신앙심이 깊은 사람이지요. 그래서 당신이 보낸 메일을 아내에게 보여주었습니다. 원래 사업상 주고받은 이메일을 아내에게 보여주지는 않습니다. 그런데 팀하스 당신이 보낸 이메일은 보여줘도 괜찮을 거 같아서 보여주었습니다."

뜻밖의 말에 나는 신경이 곤두섰다. 그는 나를 보며 말을 계속 이어갔다.

"아내가 매우 놀란 눈빛으로 이메일을 읽더군요. 그러더니 오늘 아침 내가 집을 나설 때 아내는 회의를 시작하기 전에 당신에게 이 말을 전해달라고 부탁했습니다. '회의가 시작되는 9시부터 부엌에서 무릎을 꿇고 당신을 위해 하나님께 기도하겠다'고 말입니다."

'아, 주님…….'

나는 속으로 감사의 기도를 하며 주변을 둘러보았다. 조금 전까지만 해도 얼음장 같았던 회의실 안 분위기에 미묘한 흔들림이 느껴졌다.

그러자 이번에는 고객이 입을 열었다.

"요즘 이 일 때문에 잠도 못 자고 악몽도 꾸었습니다. 당신도 힘든 시간을 보냈겠지요. 그런데 당신의 이메일을 받고 마음이 정말 편안해졌습니다."

그가 말을 마치자 분위기가 한결 더 누그러졌다. 그런 분위기에서 토론이 시작되었다. 대화는 예상한 대로 흘러갔다. 고객 측 변호사가 내게 부인의 말을 전해주긴 했지만, 그렇다고 해서 고객이 자기의 잘못을 인정한 것은 아니었다. 거기에 있는 다른 사람들도 책임을 지겠다고 나선 사람은 없었다.

나도 고객이나 다른 동업자들의 잘못을 굳이 들춰내고 싶지 않았다. 그 사실을 알면 우리 쪽 변호사가 펄쩍 뛰면서 법정으로 가자고 할 것이 뻔했다. 하지만 내가 원하는 것은 그게 아니었다.

이 사태를 해결하고 모두가 살기 위해서 내가 어떤 말을 해야 하는지 알고 있었다. 주님께서 내게 지혜를 주시기를 기도하며 잠시 눈을 감았다.

　1초, 2초, 3초…… 잠시 후 나는 입을 열었다.

　"그동안 이 사태를 어떻게 해결해야 할지에 대해서 많이 생각해봤습니다. 제가 내린 결론은, 우리 모두가 살기 위해서는 누군가가 희생을 해야 한다는 겁니다."

　사람들의 눈이 휘둥그레졌다. 그럼 대체 누구더러 희생을 하란 말이냐는 표정으로 서로 다른 사람의 눈치를 살폈다. 나는 말을 계속 이어나갔다.

　"기둥에 금이 간 이 사태의 책임은 저희에게 있습니다. 그래서 저희가 책임을 져야 한다고 생각합니다. 저희 변호사나 보험사에서는 어떻게 생각할지 모르지만, 저는 그렇게 생각합니다. 모든 것은 제가 책임을 지겠습니다. We will take the full responsibility."

순간, 놀란 사람들이 동요하기 시작했다. 다행이라는 표정을 지으면서도 '어쩌자고 겁 없이 저런 말을 하는 거지?' 하는 표정으로 서로 눈빛을 교환했다. 그리고 마치 약속이나 한 듯, 20명 정도 되는 사람들의 시선이 일제히 한쪽으로 쏠렸다.

그들의 뜨거운 시선을 받은 사람은 바로 우리 보험사 직원이었다. 내가 모든 책임을 진다는 것은 곧 보험사에서 이 많은 금액을 물어야 하다는 뜻이기 때문이었다.

그런 상황을 뻔히 알면서도 나는 '모든 책임을 지겠다'고 말을 했으니 동업자들은 물론 보험사도 놀랐을 것이다. 물론, 나도 최대한 이런 상황만큼은 피하고 싶었다. 그러나 나는 고객과 동업자들의 속마음을 알고 있었다. 그들은 틀림없이 오늘 치열한 전투를 준비하고 나왔을 것이다. 변호사를 앞세워서 어떻게 하든 이 사태에 대한 책임을 조금이라도 덜 지기 위해서 밤새 고민을 하고 대안을 가지고 나왔을 것이다.

그 사실을 너무도 잘 알고 있었기 때문에 나는 그들의 몫까지 '다 책임을 지겠다'고 말을 할 수밖에 없었다. 법정에 가지 않으려면, 이 사태를 해결하고 모두가 살아남으려면, 그 방법밖에는 없었다.

하지만 그것은 나의 결정이었을 뿐, 이 사태에 대해서 보험사가 어떤 입장을 취할지는 솔직히 나도 알 수가 없었다. 이제 모든 것은 우리 보험사 직원의 결정에 달려 있었다.

누구보다도 이 사태의 심각성을 잘 아는 보험사 직원은 입을 굳게 다물고 잠시 생각을 하더니 이윽고 입을 열었다.

"보수 공사는 언제까지 끝내야 합니까?"

"4개월밖에 남지 않았습니다. 경기 개막일인 4월 1일 이전에 마쳐야 하니까요."

"지금 시작하면 그때까지 공사를 끝낼 수는 있습니까?"

"할 수 있습니다."

대답을 들은 그는 잠시 생각을 하더니 결심을 한 듯 입을 열었다.

"나는 지난 20년 동안 수많은 사례를 통해서 여러 회사를 경험했습니다. 그런데 지금까지 팀하스와 같은 특별한 회사는 본 적이 없습니다. 저는 그런 팀하스 측의 결정을 존중합니다. 저희가 모든 공사비를 부담하겠습니다."

    순간, 나는 눈을 감았다. 눈물이 쏟아지려는 것을 겨우 참았다. 천천히 고개를 돌려 그를 쳐다보았다. 그는 말없이 고개를 끄덕였다. 그사이, 그 자리에 있던 모든 사람들이 할 말을 잃은 채, 믿을 수 없다는 눈빛으로 우리를 쳐다보았다.

    기적이었다. 내 생애 그 어떤 때보다도 기적을 간절히 바랐던 그날, 하나님께서는 또 한 번의 '페이버favor'를 베풀어주셨다. 기적 같은 은혜로 나를 살리시고 그 자리에 있던 모든 사람을 살리셨다. 나는 그곳에 있는 모든 사람들이 오늘의 이 기적이 어디로부터 왔는지 알 수 있게 되기를 간절히 기도했다.

이웃 사랑의 희생은
성공의 지름길이다

보험사 직원이 나와 마음을 같이 하게 된 것은 나와 회사 직원들의 진심 어린 이웃 사랑의 결과였다. 그는 우리 직원들이 일을 하는 것만큼이나 치열하게 회사 안에서 동료와 동료의 삶에 관심을 가지고 서로 돕고, 회사 밖으로는 엑스트라 마일의 정신으로 고객의 성공을 도우며, 더 나아가 지역의 어려운 이웃을 돕는 데 앞장서는 것을 알고 있었다. 그런 직원들에게서 그는 고귀한 성품noble character을 보았고, 그런 회사를 도와야겠다고 생각하게 된 것이다.

보수 공사가 무사히 끝나고 예정대로 4월 1일 말린스 야구장에서 메이저리그 첫 경기가 열렸다. 그날 나는 이번 일에 관계된 사람들을 모두 불러 함께 경기를 관람했다. 가족들도 함께 초대했다. 그날 우리는 비즈니스 이야기는 한마디도 하지 않고 경기를 마음껏 즐겼다. 그렇게 잊을 수 없는 추억을 만들었다.

그 후에 관련된 회사를 일일이 찾아갔다. 그런데 나를 대하는 태도가 완전히 달라져 있었다. 그 회사 중에는 우리보다 큰 회사도 많았다. 그래서 대개 프로젝트 매니저들이 나를 맞이하는데, 이번에는 와이셔츠를 입은 정장 차림의 사람들이 나타났다. 건축회사는 아주 특별한 일이 없는 한 이런 복장을 하지 않는다. 그들은 나를 특별한 손님으로 여기며 맞아준 것이다.

사장, 부사장급 인사들이 나를 맞이했다. 다른 직원들도 정장을 하고 정중하게 나와의 미팅 자리에 참석했다. 몇 달 전, 싸늘한 표정으로 변호사를 대동해서 그 자리에 앉아 있던 사람들이 호기심에 가득한 눈빛으로 내게 "무슨 생각으로 혼자 책임을 지겠다는 엄청난 말을 했느냐"고 물었다. 나는 솔직하게 대답했다.

"나는 하나님을 믿는 사람이기 때문에 이웃과 문제가 있을 때 내가 더 희생하는 것에 대해서 고민도 많이 하고 가능한 실천하려고 노력합니다. 예수님도 희생을 하셨기 때문에 부활을 하셨지요. 희생을 해야 진정한 승리를 얻는다는 것을 저는 알고 있었습니다. 그래서 제가 다 책임지겠다고 말할 수 있었습니다. 만일 그때 누군가가 희생하지 않았더라면, 우리 모두 다 고통을 받고 원수가 되었겠죠. 마이애미에서는 우리한테 아무도 더 이상 일을 주지 않았을 겁니다. 그런데 희생이 있었기 때문에, 우리가 오늘 이렇게 다시 만나 웃으면서 이야기할 수 있게 된 거죠. 얼마나 좋습니까?"

내가 그렇게 대답을 할 때마다 사람들은 고개를 끄덕이며 크게 공감했다. 그리고 자신들의 몫까지 희생해준 나의 손을 잡으며 이렇게 말했다.

"팀하스, 앞으로 당신과 오래 비즈니스를 하고 싶습니다."

아티스틱 디자인 회사도, 컨스트럭처 회사도 지금까지 쭉 같이 비즈니스를 하고 있다. 엄청난 희생을 치렀지만, 우리는 큰 신뢰와 우정을 선물로 받았다.

나중에 이 소식이 업계와 정부, 건축학도들 사이에까지 알려져서 우리 회사의 명성은 더욱 높아졌다. 은퇴한 고위 공무원들까지 우리 회사에서 일하고 싶다고 연락을 해오는가 하면 '젊은이들이 일하고 싶어 하는' 100대 회사에 선정되기도 했다. 자칫 망할 뻔한 위기에 놓였던 우리 회사는 그렇게 또다시 '페이버'의 바람을 탄 독수리처럼 하늘 높이 비상하게 되었다.

이웃을 위한 희생은 페이버를 받는 지름길이자 성공의 열쇠다. '비즈니스계에서 용서란 없다, 양보나 희생은 바보 같은 짓'이라고 생각하지 말자. 비즈니스의 목표는 돈이 아닌 사람이다. 내 동료를, 고객을 내 이웃처럼 내 몸과 같이 사랑하고 용서하며 그들을 위해 희생할 때, '페이버favor'의 축복이 다가온다.

페이버의 기적은
계속된다

생의 마지막 순간을
기다리며

2016년 5월, 화창한 어느 봄날이었다. 공휴일이라 가족 모두 집에 있었고, 두 딸은 함께 등산을 하자고 졸랐다. 두 딸과의 외출은 언제나 나를 행복하게 했다. 나는 흔쾌히 함께 길을 나섰다.

어느덧 성인이 되었지만 두 딸은 여전히 아빠와 함께 시간 보내기를 좋아한다. 하나님의 축복으로 두 번째 심장을 받은 이후 나는 16년째 살고 있었다. 이 정도면 두 딸의 결혼식에 참석할 수 있지 않을까. 하지만 나는 그날을 볼 수 없다 하더라도 지난

22년간의 삶에 조금도 아쉬움은 없었다.

내 삶은 특별했다. 그 누구도 경험해보지 못한 놀라운 축복의 연속이었다. 그래서 이식한 심장의 평균 수명인 10년을 훌쩍 넘긴 이후로는, 매일 아침 눈을 뜰 때마다 '오늘이 내 생의 마지막 날이라 해도 감사하며 기쁘게 주님 앞에 갈 수 있다'고 기도하며 하루를 시작해왔다.

그날, 하늘은 맑고 간간이 불어오는 바람은 시원했다. 곁에는 사랑하는 두 딸이 있었다. 행복한 시간이었다. 기쁜 마음으로 딸들과 이야기를 나누며 산을 오르기 시작했다.

그런데 심장에 부담이 느껴졌다. 가슴이 답답해지면서 숨이 찼다. 두 번째 수술 이후 처음 있는 일이었다. 긴장하면서 상태를 지켜보았다. 하지만 같은 증상이 반복됐다. 나는 직감적으로 알 수 있었다.

'드디어 올 것이 왔나 보다.'

20년 넘게 심장과 씨름을 해오는 사이, 나는 심장의 상태를 누구보다 예민하게 감지할 수 있었다. 이 갑갑한 증상은 피로 때문도 아니고, 다른 곳에 이상이 있어서는 더더욱 아니었다. 정확하게 심장의 이상으로 비롯된 증상이었다.

그 순간, 16년 전 아이젠 박사가 한 말이 떠올랐다. 이 심장은 내 생애 허락된 마지막 심장이라던 말, 이 심장이 멈추면 내 삶도 끝이라던 그의 말이, 마치 지금 듣고 있는 것처럼 생생하게 들려왔다.

당장 병원으로 달려가야 했다. 하지만 나는 내색을 할 수가 없었다. 이 심장이 내겐 마지막 심장이라는 사실을 두 딸도 알고 있었다. 오랜만에 아빠와 소풍을 나온 듯 즐거운 두 딸에게, 아무런 준비할 시간도 주지 않은 채 이 사실을 알게 하고 싶지 않았다.

그래서 나는 아이들이 눈치 채지 못하게 가슴 속에서 전해져 오는 증상을 관찰했다. 갑갑하고 숨이 차긴 했지만, 그래도 아직 견딜 만했다. 그래서 조금 천천히 걷기로 하고 등산을 시작했다. 그렇게 3시간에 걸친 등산을 마치고 집으로 돌아올 때까지 나는 두 딸에게 들키지 않았다.

그다음 날 아침, 아내에게도 말하지 않고 혼자 병원을 찾았다. 증상을 들은 담당 의사는 곧바로 나를 수술실로 데리고 들어

가 마취를 한 뒤, 심도자술^{catherization} 처치에 들어갔다. 심도자술
은 허벅지에 있는 정맥을 통해 형광 관찰 카메라를 삽입해서 심
장의 상태를 눈으로 직접 관찰할 수 있는 가장 정확하고 즉각적
인 처치다.

이윽고 내가 마취에서 깨어나자 담당 의사가 안타까운 눈빛
으로 다가와 말했다.

"심장에 연결된 혈관 두 개가 막혀 있습니다."

가슴이 철렁 내려앉았다. 틀리기를 바랐던 예감이 정확히 적중
했다. 혈관이 두 개나 막혔다. 그러니 그렇게 숨이 찼던 것이다.
애써 담담한 척했지만 마음 한구석이 무너져 내리기 시작했다.

"마취했을 때 막힌 혈관을 뚫어보려고 시도를 했는데 실패했
습니다. 입원을 하셔서 내일 아이젠 박사가 오시면 상의하시는
게 좋겠습니다."

나는 그날 집으로 돌아갈 수 없었다. 아내와 딸들에게는 가벼

운 이상 증상 때문에 검사를 위해서 입원을 한다고 알렸다. 그리고 그날 밤, 병원에서 혼자 조용히 생각을 정리해보았다.

만일, 내일 혈관을 뚫는 데 또다시 실패한다면, 다시는 집에 돌아갈 수 없는 상황이 될지도 모른다. 그래도 사실 할 말은 없었다. 10년 정도 더 살 수 있을 거라고 생각했는데, 16년이나 별 탈 없이 살지 않았는가. 나보다 더 복 받은 사람은 없을 거라고 생각했다.

그런데 눈물이 났다. 하나님이 계신 그곳이 바로 나의 고향이다. 언젠가는 그곳으로 돌아가야 한다. 만일 하나님께서 '이제 그만 나의 곁으로, 네가 있어야 할 너의 영원한 집으로 돌아오라'고 하신다면, 가는 게 축복이다. 내가 없어도 나의 아내와 나의 딸들을 나보다 더 안전히 지키시고 그들의 삶을 인도하실 하나님이 아니신가.

하지만 갑자기 나를 영영 떠나보내야 하는 아내와 딸들이 마음에 걸렸다. 이 사실을 어떻게 설명해야 할까. 현실로 다가온 남편과 아빠의 죽음이 얼마나 큰 슬픔이 될까. 그 생각을 하니 가슴이 찢어지는 것 같았다.

당신에겐
한 번 더 기회가 있습니다

아침이 되었다. 식구들을 만나기가 두려웠다. 어떻게 이 사실을 전해야 좋을지 생각이 나질 않았다. 그렇게 불안해하고 있는데 언제 왔는지 창밖으로 아내와 딸들이 보였다. 가슴이 철렁 내려앉았다. 안절부절못하고 있는데 자세히 보니 두 딸의 얼굴이 울어서 퉁퉁 부어 있었다. 벌써 주치의로부터 이야기를 들은 것이다. 내 눈에서도 눈물이 흘러내렸다. 벽 하나를 사이에 두고 나는 병실에서, 아내와 딸들은 복도에서 뜨겁게 눈물을 흘렸다.

이윽고, 나의 오랜 친구이자 내 생명의 은인인 주치의 하워드 아이젠 박사가 병실로 들어섰다. 나는 마음의 각오를 단단히 한 뒤 그에게 물었다.

"선생님, 이번에도 혈관을 뚫을 수 없다면 어떻게 됩니까?"

그는 다소 무덤덤한 표정으로 나를 보며 대답했다.

"약으로 어떻게든 버텨봐야죠."
"약으로요? 그건 임시방편 아닙니까?"

그러자 이번에는 잘 아는 걸 뭘 묻느냐는 식으로 대답했다.

"그렇죠. 그렇게 해보고 안 되면 심장 이식을 하면 되고요."

그 말에 나는 어이가 없었다. 다른 사람도 아니고 두 번이나 나에게 심장을 이식해준 그가 그런 말을 하는 게 납득이 되지 않았다.

"심장 이식이요? 다른 사람이라면 가능하겠지만 저는 이제 더 이상 받을 수 없지 않습니까? 이미 두 번 다 받았잖습니까?"

그러자 주치의는 내가 뭔가 중요한 걸 모르고 있다는 듯한 눈빛으로 다시 말을 했다.

"팀, 기억 안 나요? 20여 년 전, 당신은 당신이 받아야 할 심장을 다른 사람에게 양보했어요. 그 후 사경을 헤매다가 결국은 '의학상으로 버려진' 심장을 이식받았어요. 그 후에 정상적인 심장을 다시 이식받은 거고요."

"네, 그랬습니다. 그건 기억하고 있지요."

"그러니까, 당신은 한 번밖에 받지 않은 거나 마찬가지예요. 무슨 말인지 알아요? 팀, 당신에게는 아직 한 번 더 심장 이식을 받을 수 있는 기회가 있다고요."

순간, 나는 너무도 놀라서 아무 생각도, 말도 할 수가 없었다. 어떻게 이런 일이 있을 수 있을까. 나는 넋이 나간 표정으로 아이젠 박사를 쳐다보았다. 그런 내게 아이젠 박사는 차근차근 설명을 해주었다.

요지는, 그사이 심장 이식 관련법이 바뀌었다는 것이다. 그래서 좋은 심장은 남에게 양보하고 나 자신은 심장 이식 부적합 판정을 받은 응급처치용 심장을 이식받았기 때문에 나는 의료법상으로, 한 번밖에는 심장 이식을 받지 않은 사람이었다. 놀랍게도 나에게 아직 한 번 더 심장 이식 수술을 받을 수 있는 기회가 생긴 것이다.

아이젠 박사의 말을 들은 아내와 딸은 눈물을 흘리면서 두 손을 모아 주님께 감사 기도를 올렸다. 계속되는 하나님의 '페이버'에 압도된 나는 아무것도 하지 못한 채 앉아 있었다. 또다시, 사람의 머리로는 상상도 할 수 없는 일이 벌어진 것이다.

그리고 잠시 후 천천히 아주 천천히, 그러나 온몸과 의식과 모든 감각을 통해 생생하게 지금 눈앞에 벌어지고 있는 모든 일이 느껴지기 시작했다. 나는 내가 한 희생을 까마득하게 잊고 살았다. 두 번의 심장 이식을 하는 동안, 나는 보통 사람은 받을 수 없는 분에 넘치는 축복을 받았기 때문이다.

그런데 주님은 나 자신조차도 까마득히 잊은 그 희생을 잊지 않고 계셨다. 내가 두려움 반, 원망 반의 뒤엉킨 마음으로 '이웃을 먼저 살리라'는 부르심 앞에 항복했던 사실을 주님은 기억하고 계셨다.

24년 전의 그 심장이 그 이웃을 살리고 이제는 나를 살렸다. 이제 죽을 수밖에 없다고, 내 삶은 여기까지라고 생각했다. 지금까지의 삶은 덤이었다고 생각했다. 그런데 하나님 눈에 '보시기에 좋아서' 특별히 주신 그분의 선물이 아직 남아 있었다. 끝이 아니었다.

넘쳐흐르는 하나님의 사랑은 계속 이어졌다. 그날, 수술을 받고 막혔던 혈관 하나가 어느 정도 다시 트였다. 나머지 한 곳은 뚫지 못한 절반의 성공이었지만, 그것만으로도 당장 심장 이식 수술을 받지 않아도 되었다.

이제는 숨이 차서 예전처럼 딸들과 무리하게 걷는 등산을 할 수는 없다. 언제인가 세 번째 이식 수술을 받아야 할지도 모르지만 전혀 걱정되지 않는다. 하나님 보시기에 좋으시면 내게 또 '페이버'를 주실 것을 알기 때문이다.

우리가 하나님을 사랑하고 이웃을 사랑할 때 그분은 흡족해하신다. 그런데 이 둘은 별개가 아니다. 하나님을 사랑하는 것이 곧 이웃을 사랑하는 것이요, 이웃을 사랑하는 것이 곧 하나님을 사랑하는 것이다. 결국 우리가 지켜야 할 가장 중요한 계명은, '내 이웃을 내 몸과 같이 사랑하는 것'이다.

이웃을 내 몸과 같이 사랑한다는 것은 나 자신을 챙기듯 이웃을 챙기라는 의미 이상이다. 그것은 희생을 뜻한다. 너무 많아서 남아도는 무언가를 주는 것, 내게는 필요 없는 무언가를 주는 것은 희생이 아니다. 나는 아무것도 잃지 않는 선에서 남에게 주는 것은 참된 희생이 아니다. 희생이란 말 그대로 다른 사람을 위해 내 재산, 명예, 심지어 목숨까지 주는 것이다.

예수님은 우리를 위해 목숨을 바치셨다. 희생했기 때문에 예수님은 부활하셨다. 희생이 없었다면 부활도 없었다. 희생과 부활은 완전히 동일한 것이다. 그것이 기독교의 핵심 원리라고 나는 생각한다. 성경에서 예수님은 제자들에게 단 한 가지를 당부하셨다. '나를 사랑한다면, 하나님을 사랑한다면, 똑같은 사랑으로 네 이웃을 사랑하라'고 그 이웃을 위해 희생하는 삶을 살라고. 그것은 희생이야말로 성장과 행복과 안정과 성공과 승리, 아니 인생이 추구하는 최고의 가치들을 가져다줄 지름길이기 때문이다.

"참희생이 승리의 지름길이듯, 하나님이 보시기에 좋아서 주신 '페이버'야말로 특별한 하나님의 선물, 즉 은혜이다."

에필로그

성공한 한 사내가 값비싼 2인승 오픈카를 타고 일방통행로를 신나게 달리다가 횡단보도에 서 있는 세 사람을 발견했다. 한 사람은 자신의 성공적인 삶을 위해 늘 만나고 싶어 했던 멘토였고, 두 번째는 평생을 함께하고 싶은 이상형의 여인이었다. 어느 쪽도 놓치고 싶지 않은 사람들이었다. 그런데 그 옆에 한 사람이 더 있었다. 온몸에 부상을 당하고 고통스러워하며 쓰러져 있는 응급 환자였다.

그의 차에는 한 사람밖에 태울 수 없다. 이 상황에서 어떤 선택을 하는 것이 가장 지혜로울까.

아마 많은 사람들이 선뜻 결정하지 못하고 고민에 빠질 것이다. 아픈 사람을 태워서 얼른 병원에 데려다주어야 한다는 것을 알고 있지만, 그를 태우면 나의 인생을 성공으로 이끌어줄 멘토도, 평생을 사랑하며 함께하고 싶은 여인도 포기해야 한다. 어떤 한 사람을 태운다 해도, 당신은 태우지 못한 다른 두 사람 때문에 평생 후회하며 살아가게 될 것이다.

만일 이 고민을 예수님께 가져가면 무어라 말씀하실까. 24년 전, 나에게 '죽어가는 저 여인에게 네 심장이 필요하다'고 말했던 그 음성은 오늘 이 차에 탄 사람에게 무어라 속삭일까.

그 음성을 들은 사람이라면, 그리고 그 음성이 지혜라는 사실을 아는 사람이라면, 그는 아마도 차에서 내릴 것이다. 그리고 응급 상황에 놓인 환자를 차에 태운 뒤, 자신이 가장 신뢰하는 멘토에게 차 열쇠를 건네주고 병원으로 데려가게 할 것이다. 그리고 자신은 그 여인과 함께 전철이나 버스를 타거나 아니면 걸어서 목적지로 출발했을 것이다. 바로 이것이 참 '이웃 사랑'의 삶이다. 이웃을 사랑하는 데에는 먼저 나의 희생이 필요하다.

언젠가 나의 오랜 친구 토마스 목사가 이렇게 물었다.

"너한테 왜 이런 행운이 계속되는지 알아?"

"내가 정말 알고 싶은 게 바로 그거야. 넌 그 이유가 뭐라고 생각해?"

"결정적인 순간에 이웃을 사랑하라는 하나님의 말씀에 순종했기 때문이야."

생각해보니 맞는 말인 것 같다. 이웃을 향한 희생은 언제나 나에게 풍성한 삶의 지혜와 내 노력으로는 가질 수 없는 고귀한 삶의 품격을 가져다주었다. 단순히 '남의 유익을 추구한 것이 결국 나의 유익을 가져왔다'는 말, 그 이상이었다.

물론 이웃을 위해 무언가 결정하는 것은 두렵고 힘든 일이다. 하지만 그때마다 나는 다른 생각은 하지 않았다. 나보다 더 큰 어려움에 놓인 사람을 먼저 생각하려고 노력했다. 하나님이 지금 내게 원하시는 선택이 무엇인가만을 생각했다.

사실 나는 다른 사람보다 상당히 일찍 죽음을 알게 되었다. 20대 후반부터 내 앞에는 언제나 죽음이 있었다. 하지만 나는 더 이상 죽음이 두렵지 않다. 죽음에 대한 두려움이 사라진 것은 아마도 내게 온 심장을 이웃에게 주었던 그때부터였을 것이다. 그때 이후 나는 강해졌고 자유로워졌으며 큰 용기가 생겼다. 그리고 결정적으로 무척이나 지혜로워졌다.

나는 그런 나의 삶을 '페이버'의 축복을 받은 삶이라고 생각한다. 기업가로서 성공적으로 사업을 운영하고, 목회자로서 인정받고, 남편으로서 사랑받으며 아버지로서 존경받고, 무엇보다 지금까지 살아있다는 것, 이 모든 일이 하나님께 받은 '페이버'다.

그중에 가장 감사한 축복은 기쁨과 평안이다. 그것으로 인해 내 삶은 강하고 풍성하다. 나는 언제든지 어려운 이웃을 위해 손해 보고 희생할 수 있을 만큼 강하며 이웃을 위해 기꺼이 죽을 수 있을 만큼 강하다. 내 삶은 말로 다 할 수 없는 기쁨이며 하나님 안에서 나는 지극히 평안하다. 이것이 하나님이 내게 주신 가장 큰 '페이버'다. 이 모든 것은 한 여인에게 심장을 주었던 일에서 비롯되었다.

당신의 삶도 '페이버'로 인해 강하고 풍성해지기를 바란다. 이웃을 돕고, 이웃을 위해 희생하고, 이웃을 사랑하라. 그렇게 하나님 보시기에 좋은 삶을 살 때 풍성한 '페이버'의 축복이 당신의 삶을 기쁨으로 채우고 눈부시게 빛나게 하며, 고귀하게 변화시켜줄 것이다.

하나님의 특별한 선물
페이버

1판 1쇄 발행 2017년 10월 27일
1판 23쇄 발행 2024년 6월 10일

지은이 하형록
펴낸이 고병욱

펴낸곳 청림출판(주)
등록 제2023-000081호

본사 04799 서울시 성동구 아차산로17길 49 1009, 1010호 청림출판(주)
제2사옥 10881 경기도 파주시 회동길 173 청림아트스페이스
전화 02-546-4341   **팩스** 02-546-8053

홈페이지 www.chungrim.com   **이메일** cr1@chungrim.com
인스타그램 @chungrimbooks   **블로그** blog.naver.com/chungrimpub
페이스북 www.facebook.com/chungrimpub

ⓒ 하형록, 2017

ISBN 978-89-352-1187-6 03230